Trop la honte pour nous

Du même auteur

Romans

<u>Cet autre qui grandissait en moi</u> – Roman en trois tomes :
Tome I - Ma vie d'avant – Avec José-René Mora
Tome II - Si tu avais été… – Avec Erwan Angelofys
Tome III - Improbables destins – Avec J-R. Mora & E. Angelofys

Faut pas le dire – (Alexis Hayden)
Trop la honte pour nous – (Alexis Hayden)
La lumière de tes ombres – (Alexis Hayden)
Ludo Footballeur – (Alexis Hayden)

<u>Les chemins du cœur</u> – En deux tomes
Tome I - Jamais je ne pourrai – (Alexis Hayden)
Tome II – Parce que c'était lui – (P-L. Cayla & Alexis Hayden)

Aimez-vous les uns les autres - (P-L Cayla & Alexis Hayden)
Avis de recherche – (Alexis Hayden & P-L Cayla)
Premier amour - (Alexis Hayden & P-L Cayla)
De passage… - (Alexis Hayden & P-L Cayla)

Théâtre

Hugosse - (Pièce en quatre actes)

Alexis HAYDEN

Trop la honte pour nous

Roman

Texte publié par Alexis Hayden

N° Editeur : 978-2-9546806

http://alexishayden.wixsite.com/alexishayden-1

Tous droits réservés

Entre deux individus, l'harmonie n'est jamais donnée, elle doit indéfiniment se conquérir.

Simone de Beauvoir

1. Je m'appelle Florian

<u>Dimanche 13 mai.</u> (7ème jour).

<u>Florian</u> – « Je m'appelle Florian, j'ai 17 ans et je suis amoureux de mon meilleur copain. N'en pouvant plus, il y a une semaine je lui ai envoyé un SMS et lui ai tout dit. Il ne m'a pas répondu, et me fait la gueule depuis. Je ne sais plus quoi faire. Je suis encore plus désespéré qu'avant. Je ne dors plus, et j'ai le Bac dans un mois ! ».

Ça, c'est ce que j'ai eu la bonne idée de poster sur un forum, un dimanche après-midi où je déprimais à mort. Je craignais de me faire insulter, mais non, j'ai reçu des tas d'encouragements. Toutes les cinq minutes, je consultais le forum. Dans la demi-heure, la première à me répondre fut Mélanie.

*****

<u>Mélanie</u> – Bonjour Florian,
A priori, tu ne t'étais pas préparé à cette réaction-là de la part de ton meilleur copain… Il faut aussi considérer que ça ait pu lui faire un choc d'apprendre cette nouvelle brutalement. Tu peux essayer de rattraper le coup en lui envoyant un autre SMS, en lui disant que tu ne voulais pas l'offusquer, et que s'il ne rejoignait

pas tes sentiments, tu ne lui en voudrais pas, et que ça ne vous empêche nullement de rester copains. Je pense que tu as bien fait de le lui dire au lieu de garder ce fardeau-là pour toi.

*****

Je suis resté figé devant mon écran d'ordinateur à lire et à relire ce message. Je n'en revenais pas qu'une certaine Mélanie avait pris le temps, quelque part, de m'écrire ces quelques lignes d'encouragement pas désagréables du tout. Elle trouvait même que j'avais bien fait ! Cool ! Je ne la connaissais pas mais j'ai eu envie de l'embrasser et de pleurer aussi. Est-ce l'amour qui rend stupide ?

Pas le temps de répondre qu'elle m'envoyait déjà un second message !

*****

Mélanie – C'est tout à fait normal sa réaction. La séduction est un jeu où plane une certaine ambiguïté, on joue avec la personne, on s'amuse, on se sent de plus en plus confiant, on crée ainsi une certaine attraction grâce à une réciprocité.
Là, tu lui annonces brutalement sans le mettre en condition avec ce regard, cette complicité, cette joie d'être ensemble.
Comme pour embrasser, il ne faut pas demander la permission, il faut agir mais toujours avec la bonne ambiance. Les filles ont le bon rôle sur ce point.
Pour rattraper le coup, je ferai comme si de rien n'était. Je n'enverrai pas de SMS et lors de la prochaine rencontre, je discuterai normalement avec lui.

*****

Derrière ce prénom, je m'étais imaginé une minette de mon âge. Là... J'ai eu comme un vieux doute : elle parlait bizarre, Mélanie, ou elle se la jouait : « Laisse-moi t'expliquer la vie... ». J'ai plutôt eu l'impression que ce n'était pas une poulette de l'année.

Lui parler normalement !!! Elle en a de bonnes ! Avec lui, je suis tout sauf normal.

J'ai sauté sur mon clavier pour lui répondre. Pour une fois que je pouvais parler à quelqu'un en toute confiance.

*****

<u>Florian</u> – Bonjour Mélanie, merci pour ta réponse. Je n'avais pas l'impression d'agir brutalement, je pensais qu'il s'en doutait. Je voulais lui envoyer un autre SMS mais je n'ose pas, je n'ose même plus lui parler, je panique complètement. En même temps, c'est bizarre mais je n'ai pas de regret et je suis presque trop content, comme tu le dis, de m'être débarrassé de ce fardeau.

Je te remercie de prendre le temps de m'écrire car je n'ai personne à qui me livrer.

Tu parles de confiance, d'attraction et de réciprocité... mais je pensais avoir déjà vécu tout ça avec lui, je nous croyais assez complices pour affronter la réalité. Faire comme si de rien n'était, mais c'est impossible puisqu'il m'évite et ne me parle plus. J'avais imaginé autre chose.

*****

<u>Mélanie</u> – Comme lui envoyer un autre SMS, par exemple ! :)

*****

Elle me chambrait en plus ! Une semaine que je faisais la gueule, en une demi-heure elle était arrivée à me faire rire ! J'ai senti qu'on allait bien s'entendre.

Pas le temps de répondre qu'elle me postait un nouveau message.

*****

Mélanie – Tu l'as peut-être mis en face d'une réalité qu'il croyait éloignée, c'est-à-dire : « Non, ce n'est pas possible, je ne peux pas être amoureux d'un homme, je dois passer à autre chose ».

D'après ce que tu en dis, il avait l'air d'avoir aussi un penchant pour toi, et ce n'est pas toujours facile de le mettre au grand jour, même si ce n'est qu'entre vous deux. Par contre, il y a quelques messieurs gay ou bi sur ce forum, et je pense qu'ils viendront t'apporter leur soutien et leur lumière.

PS, Florian : de plus, tu as l'air peiné, et ça se comprend très bien, sois rassuré à ce niveau-là, en plus de la déception…

*****

Florian – Mélanie, tu m'épates. Tu ne crois pas si bien dire. Comment l'as-tu deviné aussi rapidement ? J'en ai déjà innocemment discuté avec des amies, elles pensent toutes qu'il est homo !... C'est comme s'il était le seul à ne pas le savoir ! Si c'est ça : un refus de s'assumer… je suis mort.

2. Ça mérite une baffe

Lundi 14 mai. (8ème jour).

Christian – Salut Florian,
Peut-être ne veut-il pas assumer son homosexualité, et/ou, il aime une autre personne en secret ! En tout cas, ne t'arrête pas à cette aventure, tu n'as que 17 ans et plein d'amour à donner et à découvrir.
Je t'embrasse tendrement.

*****

Houlà ! Première réaction masculine pour me mettre de sales idées en tête, et il m'embrasse tendrement en plus ! Ça commence fort sur ce forum.

*****

Florian – Jusqu'à présent je n'avais envisagé que la première possibilité. Je ne l'ai jamais vu avec personne. S'il aime quelqu'un d'autre, ce doit être très, très secret. Pas fait pour me rassurer. « Ne t'arrête pas à ça » c'est facile à dire et je sais que je devrais, mais je suis complètement bloqué, obnubilé par lui... Merci Christian, je t'embrasse aussi.

*****

Cindy – C'est délicat.

Est-il gay ? Ou pas ? Même si tout le monde le pense, peut-être que lui ne veut pas l'assumer, ou qu'il ne l'est pas… Après tout, on n'en sait rien finalement. Dans tous les cas, je pense qu'il a dû avoir un choc car il ne s'attendait pas à ça. Il a sûrement besoin de temps.

Je ne suis pas sûre que le SMS soit la meilleure solution. À ta place, j'irai le voir et je lui demanderai de m'accorder une discussion pour mettre les choses à plat. Au moins c'est clair. Et aussi, comme l'a dit Mélanie, le rassurer en lui disant que vous pouvez rester amis, si toutefois c'est envisageable pour toi… Bonne chance.

*****

Florian - Est-il possible d'être aussi efféminé sans être homo ? Je n'y avais même pas pensé. Ce n'est évidemment pas une certitude, je n'en ai plus aucune dans cette histoire. Mais il y avait tellement de choses pour m'inciter à le croire… Des regards, des sourires, une telle complicité… Il ne s'y attendait pas, tu crois ? Moi je m'y attendais. S'il m'avait fait ce genre de déclaration je n'aurais pas été surpris, j'aurais été fou de joie au contraire. Je sais que je devrais lui parler mais je n'y arrive pas, je n'y arrive plus. Il me fuit et me regarde parfois avec un tel mépris… Il n'avait jamais fait ça avant. C'est à chialer. Merci Cindy.

*****

Régis – D'abord ne t'affole pas, il ne t'a pas cassé la figure, il te fait la gueule, ça peut passer… On peut dire merci au SMS car quels que soient ses sentiments il n'est pas évident d'être mis en face aussi crûment de ce que tu lui as dit ! Une déclaration comme celle-ci s'accompagne... Car en lui annonçant cela tu lui as imposé quelque chose !

Tu dis beaucoup de choses parfois un peu fausses... Méfie-toi des a priori : les autres pensent que... il avait l'air de... Tu dois reprendre contact avec lui, de vive voix, et lui dire ce que tu penses.

Au pire, tu te prends une baffe : à mon avis tu l'as méritée. Au mieux, vous restez potes et peut être plus.

Communique avec lui, explique-lui qui tu es, ce que tu ressens, ce que tu aimes, qui tu aimes, ce que tu veux et ce que tu ne veux pas... Essaye de lui faire exprimer son point de vue à lui : écoute-le ! Je pense que s'il a réagi comme cela c'est que tu ne l'as pas assez écouté !

Pour finir, sache que je suis gay aussi, que je comprends ce que tu vis et que les relations amoureuses avec un autre garçon ce n'est pas toujours facile, même si les choses changent !

Bonne chance, et tiens-nous au courant.

*****

<u>Florian</u> – C'est vrai qu'il ne m'a pas cassé la figure mais certains regards parfois font aussi mal. Dans un premier temps, j'étais presque soulagé de lui avoir dit, en vous lisant je regrette à mort. Tu dis que je l'ai mis crûment devant la réalité et qu'une telle déclaration s'accompagne... Mais je croyais que nous en étions là et que c'était la suite logique. Lui imposer ! Mais je ne voulais rien lui imposer, je l'aime trop. J'aurais dû venir sur ce forum plus tôt. Je sais qu'il faut se méfier des a priori mais il y avait tellement de signes... Reprendre le contact... Qu'est-ce que j'aimerais. Il m'a toujours impressionné, mais maintenant c'est

pire. Me prendre une baffe ! On ne s'est jamais battu, s'il me frappait ce serait la fin du monde. Je voudrais tellement m'expliquer mais je bloque complètement, je croyais qu'il savait qui j'étais. Pas assez écouté ? On a passé des heures à discuter ensemble, on parlait de tout sauf de ça bien sûr, je ne sais pas, je ne sais plus où j'en suis. J'ai commencé à lui écrire une lettre, je ne sais même pas si j'aurai le courage de la lui donner.

Vous dites que je l'ai malmené... Vous n'hésitez pas non plus sur ce forum : on a commencé à me faire des bisous, toi, Régis, si tu pouvais, tu m'en collerais une... Tu crois vraiment que je la mérite cette baffe ?

Derrière mon clavier, je fais le malin, je ne risque rien. :) Merci pour tous tes conseils.

*****

<u>Dominique</u> – « *Tu parles de confiance, d'attraction et de réciprocité... mais je pensais avoir déjà vécu tout ça avec lui, je nous croyais assez complices pour affronter la réalité.* ».

Il existe différents degrés de complicité. Il te faut en créer une très intense, qui te permettra d'AGIR, en l'occurrence l'embrasser. Quand c'est toi qui souhaite aller plus loin dans une relation, tu dois agir. Quand tu reçois, tu ne fais rien, tu restes passif. Il aurait fallu que tu sois de plus en plus proche, de plus en plus tactile de manière graduel, (le bras, le dos, la main, la cuisse)...

D'agir ainsi t'offre plusieurs avantages, cela te permet de savoir s'il est OK pour aller plus loin. Tu le vois, tu le ressens. S'il te repousse, s'il s'éloigne à chaque fois, dans ce cas, tu restes au même stade ou même tu recules d'un pas.

Si c'est OK, s'il ne te repousse pas, tu avances. De plus, tu recules de temps en temps, pour le tester. Savoir s'il vient vers toi, s'il est tactile.

Tactile, cela dépend aussi des endroits. Tactile au niveau de l'épaule, ce n'est pas la même chose au niveau de la cuisse.

Et puis à un moment, tu te retrouves à dix centimètres de lui, et tu l'embrasses. Il sera plus apte à recevoir ton baiser parce que cela est venu naturellement, sans le brusquer.

Là, avec ton SMS, tu l'as mis devant le fait accompli.

« Faire comme si de rien n'était mais c'est impossible puisqu'il m'évite et ne me parle plus. J'avais imaginé autre chose. »

Pour moi, un petit break (de 6 à 10 jours), c'est toujours réparateur. Il faut que tu lui montres que tu n'es pas affecté. L'idée, c'est de recommencer à le séduire depuis le début et de construire cette complicité de manière graduelle. Il faut que tu prennes son refus à la légère, (comme s'il avait tourné la tête au moment où tu étais sur le point de l'embrasser). Tu n'es pas affecté, tu fais comme si de rien était pour ne pas le brusquer, pour éviter qu'il se sente gêné. Tu recommences à t'amuser et tu reprendras plus tard.

*****

Florian – L'embrasser ? Oh, là, là… On n'osait même pas se toucher. Tactile, nous ne l'étions pas trop, à chaque fois qu'on se posait une main sur le bras ou dans le dos c'était tout juste si on ne s'excusait pas. Je pensais qu'il était aussi impressionné que moi et que nous éprouvions les mêmes sentiments. Je te remercie pour tous ces conseils mais maintenant en voyant sa réaction j'aurais encore plus peur de le toucher. Tu dis de faire un petit break, ça fait huit jours déjà. Lui montrer que je ne suis pas affecté… mais je le suis. Si tu savais comme j'ai envie de chialer devant son indifférence. Je n'arrive plus à dormir, et le Bac bientôt…

3. Envie de fuir

Mardi 15 mai. (9ème jour).

Marion – Je connais pas mal d'hommes efféminés qui sont de vrais coureurs de jupons, et inversement des hommes très masculins qui sont en réalité homosexuels. Donc oui, les apparences sont parfois trompeuses. Je ne sais pas si cet ami a le même âge que le tien, mais à 17 ans, certaines personnes se cherchent encore et ne savent pas trop de quel bord elles sont réellement.

Peut-être est-il effectivement attiré par les hommes, mais qu'il ne veut pas y croire, ou alors ne se sent pas le courage encore de l'assumer. Le fait de lui avouer tes sentiments, s'il est hétéro, le met dans une situation inconfortable. Il ne sait comment agir vis à vis de toi, pour ne pas te froisser et d'une, et en même temps ne pas te donner de faux espoirs.

Je sais que ce que je vais écrire va te sembler compliqué à réaliser, mais si vous étiez de bons amis, vous devriez en discuter de vive voix, et non par SMS. Que tu lui dises que tu ne voulais pas le contrarier ou autre, et que tu pensais que peut-être cette relation serait possible, car il n'est jamais en compagnie féminine. Je pense que tu n'as rien à perdre et peut-être même tout à gagner de dire ce que tu penses. Après, sa réaction lui appartient bien sûr, et il faudrait pour que tu ne sois pas trop déçu toutes les envisager, y compris un rejet de sa part.

*****

Florian – Je l'ai peut-être mis dans une situation inconfortable mais pourquoi ne me le dit-il pas ? Je sais qu'il nous faut parfois du temps pour admettre les choses mais c'est long…

J'aimerais pouvoir en discuter mais son attitude me fige. Pour les banalités je suis très bavard, mais pour les choses importantes de la vie je suis un handicapé (mental) de la parole. On dirait mon père ! :) C'est toujours le lendemain, que je sais ce que j'aurais dû dire la veille. C'est pour ça que je lui ai envoyé un SMS. Qu'est-ce que j'aimerais revenir en arrière.

Un rejet de sa part c'est ce que je redoute le plus. Merci à tous pour votre aide. Des « coureurs de jupons » ? Mais pas lui justement, je ne l'ai jamais vu avec une fille. Les rares fois où nous en avons parlé il prétendait attendre le grand amour… Je ne l'ai jamais cru. Il a le même âge que moi, nous sommes en terminale tous les deux mais pas dans la même classe. Il est possible qu'il se cherche, toutefois, ce n'est pas en refusant le dialogue qu'il va se trouver. De quoi a-t-il peur ? Que je l'influence ? Mais je ne suis pas contagieux ! L'influencer, je n'en ai ni le pouvoir ni l'envie. Quoi que… ;)

*****

Régis – Je vais aller un peu plus loin…
Si c'est vraiment ton ami, quelle que soit la forme que prendra votre relation, il comprendra ta situation, il comprendra également que tu as commis une petite erreur en n'utilisant pas la bonne méthode pour t'ouvrir à lui. Car, même si ta manière n'est pas la

bonne, c'est une marque de confiance que tu lui as fait en te dévoilant dans ce SMS.

Alors reprends contact avec lui, mais de vive voix, et laisse-lui le temps d'accepter ce que tu lui as dit.

Peut-être qu'il te fait la gueule car il a du mal à accepter que tu sois gay tout simplement, alors explique-lui tes sentiments mais ne les lui impose pas.

*****

Florian – Nous ne nous sommes pas adressé la parole depuis neuf jours, il ne me salue que lorsqu'il est obligé devant les autres... Un coup il a l'air détendu, la fois d'après j'ai l'impression qu'il me déteste. J'ai même craint un moment qu'il fasse lire mon SMS à d'autres, apparemment il ne l'a pas fait. Et pourquoi ne m'a-t-il pas répondu ? J'ai parfois l'impression que son silence est plus douloureux que ne l'aurait été un refus et cette attente interminable.

Vous dites tous la même chose : je devrais lui parler mais je ne peux pas, je suis paralysé. Quand je suis près de lui je n'ai qu'une envie : celle de fuir !

*****

Mélanie – Bonsoir Florian,

Tu sais, on est toutes et tous pareils : si on avait su ce qu'aurait été le futur pour certaines choses, il y en a pour lesquelles on n'aurait pas agi d'une certaine manière, mais d'une autre, ou pas du tout. De là viennent les expériences de la vie, et on apprend à tout âge.

Donc, c'est normal que tu sois mal, mais dis-toi aussi que ça fait partie de la vie, de TA vie, et que tu vis un chagrin d'Amour, et ce n'est pas rien, même si ça s'arrange avec ton amoureux. Mais puisque tu as peur maintenant que ton SMS soit lu par d'autres personnes, je te conseille d'essayer de lui parler de vive voix.

*****

<u>Antoine</u> – Quand tu le croises et que tu as un peu de temps devant toi, tu le prends par le bras et tu l'entraînes un peu (un peu seulement, hein?!) à l'écart et tu lui dis : « Il faut que je te parle ».

Et là tu démarres : que tu t'y es pris comme un con, que tu ne voulais pas le blesser, que tu aurais dû lui parler plutôt que de lui envoyer un SMS, que tu as fait ainsi parce que tu n'arrivais pas à lui expliquer, que tu regrettes, que ça peut lui paraître dingue cette histoire mais que c'est vrai, tu crois bien que tu es amoureux, mais (et là va falloir prendre sur toi) que tu ne peux pas l'obliger à avoir une relation amoureuse avec toi et que s'il ne le désire pas, c'est OK (oui c'est très, très dur) mais que vous restiez amis.

« Que vous restiez amis » c'est une affirmation, pas une demande, pas une requête, une affirmation. Que vous restiez amis, comme avant, (point), et non négociable !
Si avec tout ça il ne réagit pas… Bon OK, il ne va peut-être pas te tomber dans les bras, vu que vous n'étiez pas tactiles… Mais tu auras fait le premier pas pour renouer le contact ; et c'est le plus important.

C'est important, car si tu ne bouges pas il ne se passera rien. C'est important parce que c'est toi qui a semé le bazar avec ton SMS, c'est important car il est lui aussi malheureux de se retrouver dans cette situation qui l'éloigne de toi, son ami. N'oublie pas que pour lui tu n'es peut-être « que » son ami ; et c'est déjà beaucoup.

Allez, courage Florian, et la paralysie tu oublies (Je vais être salaud : tu n'étais pas paralysé du pouce pour valider l'envoi du SMS… Désormais, faut assumer).
Tiens-nous au courant.
Cordialement.

*****

<u>Florian</u> – Non, ce n'est pas être salaud. Je suis malheureux mais j'ai encore un peu d'humour. Et comment le sais-tu que c'était avec le pouce ? Il y a une caméra ou quoi ?

Je comprends que je vous énerve et que vous ayez envie de me secouer mais rien ne paralyse plus que l'amour. On peut surmonter la peur de n'importe quel danger mais pas celle de décevoir celui qu'on aime. Sans le vouloir, tu m'as fait sourire plusieurs fois dans ton commentaire.

Tu dois me prendre pour un mollasson et un trouillard, je ne suis pas comme ça, sauf avec lui. Comment dis-tu : « Il faut que je te parle » ! J'étais écroulé de rire et tu sais pourquoi ? Ma mère utilise presque la même formule, elle, c'est plutôt : « Il faut qu'on cause tous les deux. ». Quand elle me dit ça j'ai une douleur qui me ravage le bide… tu n'as pas idée ! C'est ça ta formule magique ? Je vais essayer d'en trouver une autre si tu veux bien. :)

Pour le reste, je sais que tu as raison, mais je n'arriverai jamais à lui dire tout ça, je vais m'emmêler, je vais bafouiller, pitoyable… Il va être dégoûté le pauvre. Je me doute que c'est mort mais qu'est-ce que j'aimerais seulement redevenir son ami sans avoir à le négocier. Même ça, il me l'interdit. On ne nous apprend que les choses basiques, rien sur comment se comporter quand on est amoureux ou quand on est sollicité. C'est démerde-toi tout seul, t'as déjà vu ça au cinéma ! Seulement au cinéma ça ne se passe jamais comme ça. Au cinéma, c'est lui qui m'aurait sauté dessus et on serait parti courir sur la plage à Deauville !

Qu'ai-je fait de si terrible ? Je ne l'ai pas agressé, je lui ai seulement dit que je l'aimais, c'est plutôt flatteur. Non ? Moi, s'il me l'avait dit je serais peut-être tombé dans les pommes, mais j'aurais été flatté ! Je vais le faire ce premier pas, mais je ne sais pas quand...

*****

<u>Antoine</u> – Bonsoir Florian,
C'est bien que tu gardes ton humour et je suis content de t'avoir fait rire ! Par contre je ne te prends ni pour un mollasson ni pour un trouillard. J'ai compris que tu es tellement amoureux que tu as peur de le perdre et que cela te tétanise. J'avais seulement envie de te booster un peu et de te rappeler que si tu ne bouges pas il ne se passera rien. Et que s'il ne se passe rien tu vas regretter.

Que peut-il se passer ?
Cela lui fait peur car c'est peut-être nouveau pour lui : rassure-le et amène-le à accepter cette situation.
Il n'est pas attiré par toi : restez amis, il apprendra la tolérance et vous avez encore plein de choses à échanger.
Il fait un blocage par rapport à ta déclaration, et la situation est la même qu'aujourd'hui.
Donc (démonstration par A+B) des trois scenarios il y en a un très positif, un positif et un négatif.
Actuellement c'est «-» => ça vaut la peine de débloquer les choses.
Alors oui, trouve ta formule à toi pour reprendre contact avec lui.
Bien à toi.

4. Tu n'en parles plus

<u>Mercredi 16 mai</u>. (10ème jour).

Marion – Ne regrette pas de lui avoir parlé, tu t'es délivré d'un poids qui devait t'oppresser. Il peut ne pas assumer le fait d'avoir des penchants homosexuels : à votre âge, c'est très fréquent le déni. Je comprends que si tu penses qu'il l'est, tu aimerais le lui faire découvrir afin d'envisager quelque chose avec lui, cependant tu ne peux effectivement pas l'y contraindre. Si son choix est le refus, tu ne peux l'influencer, c'est ainsi, et il faudra que tu l'acceptes comme tel. Pas simple quand on est attaché à une personne...

Pour ce qui est de refuser le dialogue, là il faut effectivement, je pense, que tu arrives à en avoir un avec lui, et d'une pour te fixer, et savoir quoi penser de votre relation, et de deux pour t'expliquer face à lui, et lui faire comprendre que tu ne voulais en rien le brusquer ou autre.

S'il est ton ami, il t'écoutera et analysera tes propos. La peur que tu as de l'affronter entre guillemets, n'a rien d'un souci ou autre lié à l'homosexualité, les hétéros ont les mêmes craintes. Va-t-il me jeter ? Est-ce que je lui plais ? Et j'en passe... Il faut dans tous les cas du courage pour oser dire les choses, donc arme t'en et parle-lui, c'est le mieux.

*****

Cindy – « *Des regards, des sourires, une telle complicité... Il ne s'y attendait pas, tu crois ? Moi je m'y attendais, s'il m'avait fait ce genre de déclaration je n'aurais pas été surpris, j'aurais été fou de joie.* »

Peut-être qu'il ne s'attendait pas à ce que tu lui mettes la réalité en face. Peut-être que tout ça s'installait calmement en lui sans qu'il s'en rende vraiment compte (ou tout du moins pas jusqu'à se poser des questions, et encore moins avoir à y répondre). Ça ne doit pas être facile à votre âge d'assumer cette sexualité.

Mes amis homos sont sortis avec des filles jusqu'à environ 16/17 ans pour la plupart (voire plus), alors qu'au fond ils savaient déjà qu'ils penchaient vers les hommes depuis longtemps. Mais tout ça reste très flou malgré tout.

J'ai un ami qui a tout d'un gay, mais vraiment tout. Il s'habille de façon très efféminée, il danse de façon très efféminée, il est très proche des amis gay. J'ai toujours pensé, et je ne suis pas la seule, qu'il était gay. Je le pense toujours d'ailleurs. Mais lui a toujours dit qu'il aimait les femmes et il sort avec des femmes. Va comprendre quelque chose... Et c'est quelqu'un d'hyper introverti, on sent qu'il y a un malaise, qu'il cache quelque chose. Mais ce n'est pas facile. En même temps, il fait ce qu'il veut.

Bref, comme la société ne laisse pas vraiment de place aux homos, et même si ton ami l'est, peut-être que c'est vraiment difficile pour lui de l'assumer. Entre vivre des choses et mettre des mots dessus, parfois il y a de la marge.

Après, ça dépend aussi de l'éducation que ton ami a reçue, etc. Il y a beaucoup de facteurs qui entrent en ligne de compte. Peut-être qu'il admettra qu'il est gay, plus ou moins tard, ou ne l'admettra pas avant plusieurs années…

J'ai encore une autre anecdote. Une fois je suis allée avec un ami chez des amis à lui. Sur place il y avait deux mecs dont un était celui de mon ami, et aussi une nana et autre gars. Ce dernier avait tout d'un gay, fringué comme un gay, efféminé etc., etc. On l'appellera « V ». Bref, dans mon esprit, convaincue qu'il était gay, j'engage franchement la conversation avec lui (en n'ayant pas peur que ce soit pris pour de la drague ou autre), vraiment j'en étais SURE.

On papote, je lui pose des questions sur lui, sur son travail etc., il fait la même chose. Et ayant un bon contact avec les homos, et le trouvant aussi sympa, je continue de discuter tranquillement avec lui, les trois autres parlaient entre eux.

La soirée se termine, avec mon meilleur ami on s'en va.

Quelques jours plus tard, en discutant avec lui, on commence à parler de la fille qui était là à la soirée également, et j'ai appris par hasard que celle-ci était la copine de « V » !!!
Et là je réalise que j'ai parlé quasiment toute la soirée avec lui. Je me suis sentie mal, je te promets que ça m'a fichu les boules de me dire qu'elle avait assisté à notre discussion une bonne partie de la soirée.

Je peux te dire qu'entre filles, ça ne se fait pas ce genre de trucs, à moins d'être la dernière pouf de service. La pauvre, elle a dû se sentir mal. Et moi j'étais pas bien non plus quand j'ai su qu'il était en couple avec elle, ça m'a travaillé un bon moment… Je me suis mise à culpabiliser, terrible.

Tout ça pour dire que gay ou pas gay, il était bel et bien avec une fille. Alors pas gay ou pas assumé ??? Va savoir… Et même mon ami et son homme sont convaincus qu'il est gay aussi…

Je te dis tout ça pour te donner des exemples, t'aider à faire le tour de la question. Pour te dire qu'il peut y avoir une multitude de raisons à ce « rejet ». Malgré tout, j'ai toujours été et je suis toujours convaincue que le temps est un très bon guérisseur.

La meilleure chose, à mon sens, (plus facile à dire qu'à faire, je sais), serait d'attendre et de le laisser « digérer » un peu. Le laisser se questionner, et aussi créer le « manque » chez lui. Après tout, à la base, tu es son ami et vous partagez beaucoup de choses alors tu dois lui manquer.

Si après c'est totalement infaisable pour toi et que tu veux savoir impérativement, alors là, je ne vois qu'une solution. Malgré ta « paralysie »^^, tu respires un bon coup et tu vas voir ton ami pour lui parler en face, comme te l'a parfaitement expliqué Antoine. T'as pas le choix, faut prendre ton courage à deux mains et y aller. Je comprends ton blocage. Le secret, c'est d'y aller dès que tu le vois, sans réfléchir. Tu fonces. C'est comme quand tu dois sauter dans le vide ; plus tu réfléchis, plus tu hésites à sauter. Là c'est pareil. Et c'est la meilleure façon pour vous comprendre. Un réel échange te permettra de vraiment voir ses réactions sur le vif, et de le rassurer aussi. Mais franchement, évite le SMS, ça craint !!! Ça, c'est vraiment le dernier recours, si tu n'as rien d'autre, mais là ce n'est pas le cas.

Bon sinon tu m'as bien fait rire avec ton histoire de courir sur la plage à Deauville !!! Ha, ha, ha ! En effet, la vie, ce n'est pas comme au cinéma… D'ailleurs, si tu vas voir ton ami et que tu lui parles, il ne va pas non plus se transformer en monstre gigantesque et te réduire en poussières en t'écrasant dans sa main. :)

Courage Florian, « Tout ce qui ne nous tue pas, nous rend plus fort ».

*****

<u>Florian</u> – Merci Cindy, pour ce long témoignage, je vais essayer de répondre à tout.

Il n'est jamais sorti avec une fille, et moi non plus, pourtant ce ne sont pas les occasions qui nous ont manqué. Aujourd'hui, au lycée on est vite catalogué, il ne pouvait pas ignorer les petites réflexions qu'on nous faisait parfois, mais nous ne sommes pas le seul couple de garçons même si ce ne sont que des copains.

Tu dis que certains de tes amis, au fond d'eux, n'ignoraient pas leur penchant... Il faudrait être niais pour l'ignorer mais c'est tellement compliqué, car parfois, certaines filles ne me laissent pas indifférent... Très souvent ce fut celles qui avaient des allures de mec, mais bon... :)

Tu parles de ton ami introverti qui s'obstine à se prétendre hétéro, il n'est sûrement pas le seul, certain le nieront jusqu'à la mort. En même temps, il est peut-être bi. Lorsque je me balade, je croise souvent les regards de mecs entre 30 et 50 ans qui me matent (je sais reconnaître ce genre de regard) et ce sont des hommes mariés qui se la jouent peut-être même un tantinet homophobe pour faire plus vrai ! Nous vivons dans un monde de oufs. Tu dis : « Tout dépend de son éducation. » Mais quelle éducation ? Qui reçoit une éducation sur l'orientation sexuelle ? J'ai lu récemment « Un Noël à River Falls » d'Alexis Aubenque. Il écrit ceci en résumé :

« Notre jeunesse est soumise au prosélytisme hétérosexuel. Toute l'éducation, parents, école ou émissions éducatives,

envisage uniquement l'hétérosexualité. Vous n'imaginez pas la terrible angoisse qu'on peut ressentir quand on comprend que la société nous dénie tout droit d'exister. Elle nous accepte une fois majeurs, mais nous laisse nous débrouiller tout seuls durant l'adolescence, et c'est vraiment l'enfer. ».

Je pense qu'il a raison, la seule éducation que nous recevons sur la sexualité ce sont les propos homophobes que la plupart des parents ne manquent pas d'avoir. Et plus un garçon fait efféminé, plus ses parents auront ce genre de propos. Moi, chez qui ça ne se voit pas j'ai déjà ma dose, je n'ose même pas imaginer ce que mon copain doit entendre chez lui. Nous n'en avons jamais parlé.

À propos des parents, ma mère me terrifie, j'en ai marre, elle devine tout et elle a le don de me faire dire ce que je ne veux pas. Je suis sûr qu'elle a deviné que je suis en froid avec mon copain, pourtant il ne venait pas souvent chez moi. Ce week-end, elle m'a demandé de ses nouvelles !

— Ça va ton copain ?
— Ouais.
— Pourtant, tu n'en parles plus.
— C'est qu'il n'y a rien à dire.

« Je n'en parle plus ! »… Mais quel con je suis ! Bien sûr que je lui en parlais, j'avais envie de ne parler que de lui. Maintenant je suis certain qu'elle a des doutes… Tant pis ou tant mieux je ne sais plus. Arrêtez ! Tout est en train de me tomber sur la tête en même temps, je n'ai rien fait et je me sens cerné de toute part.

5. Vas-y, fonce !

<u>Jeudi 17 mai</u>. (11ème jour). Férié

<u>Florian</u> – Bonjour Mélanie,
Dur, dur les expériences : c'est la première fois que j'ose dire à un mec que je l'aime j'aurais pu rêver mieux. Vous dites tous à peu près la même chose : il faut lui parler et lui expliquer. Je sais que vous avez raison mais c'est lui qui est bloqué, s'il ne l'était pas il y a longtemps qu'on se serait expliqués. Je ne pensais pas recevoir tant de réponses si positives et amicales, j'appréhendais un peu. Un grand merci Mélanie, c'est cool.

*****

<u>Florian</u> – Bonjour Marion, je commence à être en retard dans mes réponses…

Je suis partagé. Par moments, je suis soulagé de lui avoir dit, d'autant que je ne lui ai pas dit sur un coup de tête, j'y ai réfléchi tellement longtemps pour finalement opter (selon l'avis général) pour la pire des solutions. :(
Par moments, je me trouve nul, pourtant ce n'était pas le premier SMS qu'on échangeait, on se bombardait de SMS. Chaque fois que nous passions de bons moments ensemble, je lui

écrivais en le remerciant d'être mon ami et en vantant ses qualités. Il est vrai que j'avais peu de retour dans ces moments-là, mais le lendemain, son sourire radieux et sa vigoureuse poignée de main me suffisaient comme réponse.

Maintenant, c'est comme s'il serrait la main d'un lépreux ! Je n'ai pas changé, je suis toujours le même, c'est lui qui a changé. Je me suis délivré d'un poids pour en prendre un plus lourd sans compter que j'en ai d'autres tout aussi pesants. À 17 ans, on a aussi les parents à gérer et ce n'est pas le plus simple.

Les hétéros de mon âge n'imaginent même pas la chance qu'ils ont. Je sais bien que mon copain a aussi cette pression-là : s'assumer c'est dur, mais s'assumer devant nos parents c'est pire. Et s'il n'est pas homo, car ça reste hélas une possibilité, les sourires qu'il me faisait, les regards qu'il me lançait... on n'a pas le droit de faire ça quand on n'est pas amoureux. Peut-être ne se rend-il pas compte à quel point il est séduisant. Je doute de tout, alors du courage en ce moment, je n'en ai pas trop.

*****

Régis – Je comprends tous tes questionnements, il faut que je sois clair :
Il n'y a pas de bonne solution, tout ce que j'ai pu écrire c'est de l'analyse a posteriori et c'est toujours facile de parler comme je l'ai fait après !
Ensuite je le répète : si c'est ton ami, il reviendra !
Tu as agi comme tu le sentais, au moment où tu le sentais, et personne n'a à porter un jugement !
Je vais moi aussi te livrer mon expérience :
Moi aussi j'aime les garçons, moi aussi j'ai eu à assumer le regard des autres et le jugement de la famille, les moqueries des collègues de boulot et de sport.

Mais ce que je sais, c'est que l'amour et/ou l'amitié sont plus forts que tout ça ! Assume qui tu es, c'est sûrement plus facile aujourd'hui que ce ne l'a été pour moi, mais je comprends ce que tu dis et ce que tu ressens.

J'ai envie de dire : « VAS-Y, FONCE. VIS TA VIE. ». Quant aux hétéros, ne t'affole pas, ils ont leurs galères eux aussi, mais ils ne comprennent pas ce que tu peux ressentir quand tu lui sers la main, quand il te regarde, quand tu lui parles…
Tout cela t'appartient alors profites-en même si tu ne couches pas avec lui (excusez-moi d'être trivial), tu partages quand même un peu de sa vie.
À ta disposition.

*****

<u>Marion</u> – Tu sais j'ai connu pas mal d'homosexuels pendant mon adolescence, et je sais que de l'avouer, d'oser le dire à quelqu'un d'attirant sans être sûr que la réciprocité soit avérée est très difficile, j'en conviens. Mes amis me disaient la même chose. Souvent ils flashaient sur tel ou tel garçon et s'imaginait que celui-ci était réceptif, car au fond d'eux, ils le désiraient tant, qu'ils se faisaient cette image de la personne en question. Parfois ils tombaient juste, mais d'autres pas du tout. Le gars était bel et bien un hétérosexuel et souvent ce dernier prenait assez mal le fait qu'on lui ait avoué une attirance homosexuelle. Pourquoi ? Parce que quoi que l'on puisse en dire, pas mal de personnes sont mal à l'aise, et ce même encore de nos jours, avec l'homosexualité.

Comme je le disais, je ne sais plus où, j'ai eu une amie, qui m'avait avoué son amour, par lettre. J'ai été tout d'abord très surprise car elle avait été très discrète me concernant, n'avait jamais laissé rien transparaître. Je ne suis pas homosexuelle, donc j'ai longuement réfléchi à la façon de lui dire que je ne l'apprécierais qu'en amie et rien de plus, et surtout je ne voulais pas lui faire de mal, car elle était très amourachée d'après ses écrits. J'ai pris mon courage à deux mains et je lui ai dit de vive voix, en essayant de prendre le plus de formes possibles. J'ai vu sa déception bien évidemment, et elle a coupé les ponts avec moi. Je ne lui en veux pas, car je pense qu'il est encore bien plus difficile d'avoir en ami une personne que l'on aime autrement qu'amicalement. J'ai regretté cette rupture amicale, car c'était une personne avec qui je m'entendais bien, mais je l'ai comprise.

Tout ça pour te dire, que les réactions des gens parfois sont virulentes, fuyantes, etc. Parce qu'elles ne s'attendent pas à ce genre de choses, mais parler reste la meilleure des solutions pour ne pas rester dans le flou ou faire souffrir quiconque. Tant que tu ne sauras pas si ton ami a un penchant homosexuel ou non, tu resteras ainsi dans le doute, et à souffrir de ses réactions. Crève l'abcès, s'il en est un, mais qui n'ose se l'avouer à lui-même, ça pourrait même le libérer d'un poids. Et s'il n'est pas du tout homosexuel, là, tu seras également fixé.

*****

Régis – Ok Marion, mais...
L'amitié avec un mec qui a repoussé ses avances c'est possible ! J'en ai connu !
Certes pas des dizaines et certains ont préféré couper les ponts avec moi.
Mais la raison ce n'était pas moi. Soit :
1. L'homosexualité en général qu'ils n'acceptaient pas, eh oui des cons il y en a même parmi nos propres amis.
2. L'homosexualité refoulée qu'ils ont en eux, et qui les terrifie.

Un ami me l'a avoué dix ans après : il ne voulait pas être homosexuel et c'est pour cela qu'il a repoussé mes avances. Certains ont même cédé à la tentation, et ont eu des rapports avec moi, qu'ils ont a priori aimé. Ensuite, ils ont préféré s'enfuir par crainte de devenir homo… Alors qu'ils l'étaient déjà !

*****

Florian – Tu veux dire que mon copain pourrait me dire « Non », en pensant « Oui » ? Et qu'il me faudrait attendre dix ans pour connaître la vérité ! Je deviens fou.

*****

Raji – Salut Florian,
Il m'est arrivé la même chose aussi. C'était tellement fort à l'intérieur de moi que je n'ai pas pu le garder. Comme toi, je lui ai envoyé un SMS et bien évidemment, il n'a pas répondu. Quand on s'est revu, c'était l'embarras total, puis nos relations ont un peu changé. On est quand même amis mais peut-être plus vraiment comme avant. C'est vrai, c'est dur de vivre après, je comprends parfaitement ce que tu as dû endurer. Mais je te conseille de garder courage.

*****

Florian – Bonjour Raji,
Ouf ! Enfin un qui avoue avoir aussi envoyé un SMS, je croyais être le seul à utiliser ce moyen de communication « ringard » ! :) Merci pour ton témoignage même si j'aurais aimé que ton histoire se termine autrement. Au moins vous êtes restés amis, j'espère, même si c'est mal parti, que nous saurons en faire autant. Il me manque tellement.

6. Je vais devenir, très, très fort !

<u>Vendredi 18 mai</u>. (12ème jour).

<u>Mélanie</u> – Bonsoir Florian,
Pour ce qui concerne ta mère, c'est normal qu'elle s'inquiète pour toi, rien de plus normal quand on est une bonne mère. De plus, tu es en période juste avant le Bac, ça doit l'inquiéter d'autant plus.

Même si tu as voulu lui cacher ta tristesse, elle l'a bien vu au bout de quelques jours. De là à penser qu'elle a tout deviné, j'en doute quand même. Pour l'instant, et tu en as bien assez comme ça, ne fais pas trop de suppositions quant à elle.

*****

<u>Cindy</u> – Tu dis : « *Tout dépend de son éducation.* » *Mais quelle éducation ? Qui reçoit une éducation sur l'orientation sexuelle ?* ».
Ce que je veux dire, c'est que s'il a été éduqué de façon plus ou moins stricte, il aura plus ou moins de mal à s'assumer. C'est une question de degrés, je pense, entre autres.
Sinon pour ta mère... C'est clair que les femmes ont un « sixième sens ». C'est bien vrai ! Un changement de

comportement, d'ambiance, de caractère, de façon de réagir etc., etc. En plus, si c'est ta mère, elle te connaît par cœur. Mais bon, elle veut te savoir bien, c'est tout.

Pour ton ami, elle a certainement senti qu'il y avait une tension entre vous, mais de là à deviner la situation, je ne pense pas.

*****

<u>Florian</u> – Cindy,
J'avais trop de choses à dire, je n'ai pas pu en une seule fois. Je n'arriverai jamais à répondre à tout le monde, ou alors il faudra être très patient.

Ta deuxième histoire est drôle et consternante, (pour lui, s'il est vraiment gay). J'ai presque vécu la même chose récemment chez des amis de mes parents. Parmi les invités, il y avait un couple de blacks africains (mariés 25/26 ans) et le mec était trop efféminé, tant dans la parole que dans les gestes. Je me disais que sa femme ne pouvait pas l'ignorer. Nous l'avons tous remarqué, à commencer par ma mère bien sûr. Dans la soirée elle m'a discrètement glissé :

— Il a une drôle de façon de parler tu ne trouves pas ?
— Ouais.

Je suis presque certain qu'elle me teste, mais là je l'ai vue venir : il ne fallait surtout pas nier l'avoir remarqué, c'eût été perçu comme un aveu. J'ai cru qu'elle allait poursuivre en me disant qu'il ressemblait beaucoup à mon copain. Mais non, elle n'a pas osé.
Tu dis que le temps est un très bon guérisseur c'est sûrement vrai, mais je n'ai pas envie de guérir, pas tout de suite ; ce que je ressens pour lui est trop précieux.

Lui laisser le temps d'être en manque... J'y ai déjà pensé, moi, il ne me faut pas 12 jours pour être en manque, à chaque seconde je le suis ! Et il en est ainsi depuis que je le connais. Lui, continue à jouer l'indifférence. Je sais que vous avez raison : je vais devoir passer à l'attaque, pourvu que ce ne soit pas Waterloo !

Non, ce n'est pas un monstre, c'est tout le contraire. Ce n'est pas moi qu'il risque de réduire en poussière, juste mes espoirs. « *Tout ce qui ne nous tue pas nous rend plus fort* », j'adore cette expression : je vais devenir, très, très, fort !

*****

<u>Mélanie</u> – « *J'avais trop de choses à dire, je n'ai pas pu en une seule fois.* ».
Le principal est que tu aies pu te confier ici, et te libérer en bonne partie en écrivant.

« *Je n'arriverai jamais à répondre à tout le monde, ou alors il faudra être très patient.* ».
Ça, ce n'est pas grave parce qu'on est là pour te soutenir, t'éclairer, t'aider, et donc, tu réponds, ou pas, comme tu peux et comme tu veux, faut pas t'en faire pour ça.
Ici, c'est coooool !

*****

<u>Raji</u> – Bonjour,
J'ai lu tes messages, et j'ai exactement ressenti les mêmes choses... J'aurais aimé aussi qu'il me dise clairement quelque chose au lieu de rester dans le silence, et toi évidemment tu stresses grave. J'aurais voulu lui en parler mais c'était pas facile ou plutôt j'avais pas le courage. Comme toi, j'étais tétanisé. Et dire qu'on s'est plusieurs fois retrouvés seuls (on se voyait qu'en cours), et que donc les occasions ne manquaient pas mais j'avais

peur de sa réaction si jamais j'en parlais. J'avais aussi peur qu'il le dise à d'autres personnes. En fait, je le croyais réellement. Donc j'ai vécu en pensant que tout le monde le savait. Et bizarrement, j'ignore si c'était juste mon imagination, mais j'avais l'impression que les autres avaient changé de comportement avec moi. C'était une période bien difficile. Ne fais pas comme moi, ne te prends pas la tête avec ça.

*****

<u>Florian</u> – Ça pour stresser... pas de doute : un max ! On a souvent l'impression d'être le seul à vivre des galères. Selon vos témoignages je comprends que ce n'est pas le cas, et l'histoire se répète inlassablement.

Quand Régis dit qu'il est plus facile de s'assumer aujourd'hui... Qu'est-ce que ça devait être avant ! Etre seul avec mon copain est de plus en plus difficile. Je vis les mêmes choses que toi, j'ai aussi peur de ses réactions. Mais c'est de sa faute aussi, s'il arrêtait de faire cette tête comme si j'avais assassiné son frère.

C'est drôle comme on pense aux mêmes choses dans ces cas-là, je ne pense pas qu'il en ait parlé aux autres mais on devient vite parano à voir des changements de comportements là où il n'y en a pas... En ce moment je vais mal, le moindre regard me redonne espoir, mais dès le lendemain, j'ai de nouveau la gueule comme s'il se forçait...

*****

<u>Cindy</u> – *« Tu dis que le temps est un très bon guérisseur c'est sûrement vrai mais je n'ai pas envie de guérir, pas tout de suite, ce que je ressens pour lui est trop précieux. ».*

Oui ! Ça je comprends. C'est typique quand on est amoureux. Vouloir « guérir », c'est comme « renoncer » en quelque sorte.
« Lui laisser le temps d'être en manque... J'y ai déjà pensé, moi, il ne me faut pas 12 jours pour être en manque, à chaque seconde je le suis ! ».
Idem ! Lol !!!
Courage !

******

<u>Florian</u> – Bonjour Régis, beaucoup pensent qu'il est plus facile de s'assumer aujourd'hui, je ne sais pas comment c'était avant, mais je peux te dire que c'est encore la galère. Je crois, comme le dit Marion, que pas mal de gens sont encore mal à l'aise avec l'homosexualité. Si c'était si simple, mon copain ne serait pas bloqué comme il l'est. Si j'avais envoyé le même SMS à une fille, j'aurais déjà eu une réponse. Et quand mes parents vont apprendre que leur fils unique est homo, je pense que ça va chauffer à la maison. Moi, j'ai envie de vivre ma vie, mais j'ai comme l'impression que ce sont les autres qui vont m'en empêcher !

Pour l'instant, je partage surtout sa mauvaise humeur.
J'ai déjà lu ça : que les plus grands homophobes sont parfois des homosexuels refoulés ! Les humains sont trop compliqués, qu'est-ce qu'on aime se pourrir la vie !

*****

<u>Florian</u> – Bonjour Marion, eh bien voilà, à propos de ton amie tu as longuement réfléchi à la façon de lui dire que tu l'apprécierais, mais que tu ne l'aimais pas, elle a mal réagi mais elle a compris.

Paraît que nous vivons à l'ère de la communication, on peut parler à n'importe qui à l'autre bout de monde mais on est complètement handicapé pour s'ouvrir à ceux qui nous sont proches. On ne nous apprend pas à parler véritablement encore moins à aimer.

Tu dis qu'il est difficile de mélanger amour et amitié pourtant si tu savais comme j'ai envie de redevenir juste son ami. Même si je dois en souffrir, je voudrais souffrir à ses côtés. Rien qu'en écrivant ces mots j'ai une douleur terrible qui me bloque la poitrine et me serre la gorge. Ça fait mal !

7. Ça dégoûte

Samedi 19 mai. (13ème jour).

Marion – Je ne pense pas qu'en l'aimant si intensément, tu puisses être encore son simple ami. Je suis désolée d'écrire ceci, mais tu risques d'en souffrir, car l'amour ne s'éteint pas si facilement.

Je comprends fort bien ta douleur et ta déception, elle est normale. Tu as osé lui avouer tes sentiments et quand la réciprocité n'est pas au rendez-vous ça blesse inévitablement. C'est encore très frais aussi, donc que tu sois désemparé est légitime.

Je suis entièrement d'accord avec toi : notre société privilégie le net, le téléphone et autres moyens indirects de communication, ce qui fait que d'avouer ses sentiments ou même juste parler à quelqu'un peut devenir une épreuve.

En ce qui concerne mon amie, je me suis mise dans sa position et c'est pour cette raison que j'ai longuement mûri ma réponse. Je ne voulais ni lui faire mal (même si je savais qu'elle en souffrirait tout de même), ni la faire passer pour une personne comment dire : hors norme car homosexuelle.

Ce n'est pas toujours simple d'employer les bons mots dans ces moments pour juste faire comprendre à l'autre que ses attentes ne seront pas comblées. Mais il en est de même quand il s'agit de personnes hétérosexuelles.

Si tu veux un petit conseil, réfléchis quand même au ressentiment que tu auras si tu restes simple ami avec lui. Ne risques-tu pas de vivre dans un amour platonique qui te fera souffrir ?
Là, seul toi peux répondre objectivement.

*****

<u>Florian</u> – « *Je ne pense pas qu'en l'aimant si intensément, tu puisses être encore son simple ami.* ».

Je ne sais pas, Marion, j'espère que tu te trompes. Mais de toute façon ça ne peut pas finir comme ça, nous étions trop complices. Tous les jours, j'ai vu dans ses yeux qu'il m'aimait, à chaque fois que nous nous retrouvions, à chaque fois que nous piquions des crises de rire, toutes les attentions que nous avions l'un pour l'autre... Il ne peut pas le nier. Il ne nie pas, il ne dit plus rien, c'est peut-être pour ça qu'il a peur de l'affrontement parce que des arguments j'en ai en réserve. Qu'est-ce qu'il s'imaginait, qu'à me chauffer comme ça j'allais rester indifférent ?

*****

<u>Florian</u> – « *J'avais seulement envie de te booster un peu et de te rappeler que si tu ne bouges pas il ne se passera rien. Et que s'il ne se passe rien tu vas regretter.* »

Antoine, tu parles de regrets, mais c'est pour ne pas en avoir que je lui ai envoyé ce SMS. J'ai lu une nouvelle de Maupassant (l'auteur préféré de ma mère... Y aurait-il un message ?), qui s'appelle « Regrets ». Je ne voudrais pas finir comme ce vieux monsieur : seul et bourré de regrets. Tiens !... Pas bête comme argument le jour où je ferai mon CO. C'est bien beau d'aimer la littérature mais ça ne sert à rien si c'est pour la laisser sur des étagères ! Je crois que je vais lui faire détester Maupassant. :)

J'aime bien ton petit raisonnement, tu as raison je vais le secouer mon pote... Mais bon... Pas trop fort, et pas tout de suite !... :P

*****

<u>Florian</u> – Ce sixième sens, mais c'est incroyable, Cindy !... Quand j'en plaisantais avec mon copain je disais de ma mère : qu'elle aurait battu Sherlock Holmes. Ça, c'était les jours où j'étais de bonne humeur, quand je l'étais moins, j'imaginais la carrière quelle aurait pu faire dans la Gestapo ! :) J'avoue que c'était pas cool mais ça, c'était les jours où elle m'avait vraiment énervé.

Ce qui m'agace le plus c'est qu'elle ne se trompe jamais ! Tu dis un changement de comportement... de façon d'agir... Pire que ça : un clignement d'œil et elle comprend que tu t'es fait larguer. Elle me crispe ! J'suis toujours obligé de me surveiller. Tu crois qu'elle n'a rien deviné ? Pfffff ! J'aimerais te croire. En même temps..., il faudra bien lui dire un jour. À elle aussi je parlerai... mais plus tard ! Quel trouillard ! Je me déteste.

*****

<u>Florian</u> – « *Pour ce qui concerne ta mère, c'est normal qu'elle s'inquiète pour toi, rien de plus normal quand on est une bonne mère.* ».

Allez !... On va dire que c'est normal. Peut-être qu'elle n'a pas deviné, mais je me méfie, ses déductions parfois me sidèrent. J'aimerais avoir la même vivacité d'esprit. Moi je suis plutôt du genre à comprendre le lendemain ce qu'on m'a dit la veille !...

*****

<u>Jojo</u> – Bonjour Florian,
En cherchant sur le web, je suis tombé sur ton message. Je vis actuellement la même situation. Des mots lâchés par SMS, où j'ai dit à un ami, que j'étais attiré par lui. Rien qui puisse le choquer a priori. Surtout que beaucoup de personnes pensent (moi le premier), qu'il n'est pas aussi hétéro que ce qu'il veut bien le dire… Il a 23 ans et n'a jamais eu de relation avec qui que ce soit. Ça fait 5 mois qu'il m'évite et me dit bonjour une fois sur deux… J'ai essayé de lui demander qu'on discute de la situation tous les deux mais il estime qu'il n'y a rien à dire… Tout ça pour dire que ta situation n'est pas si désespérée que ça…

*****

<u>Florian</u> – Bonjour Jojo, encore merci pour vos témoignages, combien de mecs souffrent en ce moment pour les mêmes raisons ? À cause de la bêtise des autres, à cause du « qu'en-dira-t-on. ». Tu as des doutes sur la prétendue hétérosexualité de ton ami, tu n'es pas le seul. Ce que mon copain ne comprend pas, c'est que de nous deux, c'est moi qui aie le plus à perdre en m'affichant avec lui, car il est déjà catalogué comme homo, pas moi, pas encore, enfin… je pense. Mais je me fous des autres, ils ne peuvent pas me faire plus de mal qu'il ne m'en fait en ce moment. Quand je

pense à l'ami de Régis qui a mis dix ans avant de lui avouer la vérité, je ne pourrai pas rester dix ans à souffrir comme je souffre.

Ton ami estime qu'il n'y a rien à dire, c'est quoi cette peur du dialogue ? Evidemment, j'ai un peu la même en ce moment, mais pas pour les mêmes raisons. J'espère que ton ami changera d'avis et que le mien arrêtera de me faire la gueule pour rien.

*****

<u>Florian</u> – Ce midi, pendant que je mettais la table, bingo ! Reportage à la télé sur le coming out. D'habitude quand il y a ce genre d'émissions je me tire dans ma chambre en faisant le mec pas concerné. Là, j'ai écouté discrètement, un jeune homme témoignait : quand il l'a annoncé à sa mère, il y a eu un temps mort, puis, elle a éclaté de rire ! Ça dégoûte, d'où sortent-ils des mamans comme ça ? Car je doute que mes parents soient pliés de rire quand je serai obligé de leur dire (dans cent ans !).

*****

<u>Raji</u> – En ce qui me concerne je n'ai pas l'intention de le dire à qui que ce soit dans ma famille. Seuls deux amis le savent (lui et une amie). J'avais aussi 15 ans lorsque j'ai découvert mes penchants homosexuels. Maintenant j'en ai 22, et je me cherche encore, je n'assume pas cette situation. Pas facile puisqu'à cela s'ajoute un manque de confiance en moi, je ne sais pas où me placer. Il m'arrive de ressentir des sentiments pour une fille, sauf que je n'ose pas me lancer. J'ai peur de ne pas aimer la fille suffisamment, comme je pourrais aimer un garçon, qu'elle commence à se poser des questions et qu'elle finisse par découvrir ma réalité.

Comme toi Florian, j'ai osé lui envoyer un SMS puisque je croyais qu'il était aussi peut-être homo vu qu'il aimait être en ma compagnie. Enfin… je crois. Et moi, je t'en parle même pas. Je le voyais aussi regarder des mecs de haut en bas, des mecs pas mal en plus…

Je te conseille d'être patient, de bien analyser la situation, de prendre les bonnes décisions et de ne rien forcer. S'il ne veut pas, laisse tomber, même si tu dois en souffrir. Ta parano va disparaître, t'inquiète pas. Maintenant, quand je repense à la mienne : j'en ris.

*****

<u>Cindy</u> – *« Ça dégoûte, d'où sortent-ils des mamans comme ça ? »*.

Tu sais, ça dépend des personnes. Je vais te parler d'une situation concrète pour moi.

La mère de mon meilleur ami sait qu'il est homo depuis longtemps maintenant. Autant elle a été surprise, autant d'un autre côté elle lui a dit : « Si t'es heureux, c'est le principal ». Pour son père, en revanche, le sujet reste tabou. D'ailleurs, lorsque nous allons tous les trois passer le bonjour à ses parents, son père a toujours un espoir que je sois sa copine. Alors qu'il sait que son fils est homo…

Mais voilà, étant plus jeune, il est sorti avec une fille, alors je pense qu'au fond son père se raccroche à cette version qui lui plaît davantage, et se convainc que nous sommes ensemble. Il veut y croire. Quant à son petit ami, il le voit comme un ami. Ou il fait croire qu'il le voit comme un ami… Je n'en sais rien en fait, c'est assez confus...

Et sinon j'ai plein d'autres amis gay, et franchement ça se passe bien avec leurs parents alors détrompe-toi ! Je comprends que tu aies une appréhension et à ta place je pense que je serais tétanisée aussi à l'idée de leur apprendre, mais beaucoup de parents comprennent. Je dis pas... Du côté du père, c'est plus ou moins bien accepté. C'est au cas par cas. Et quand ça passe, il leur faut souvent du temps pour « digérer » la nouvelle. Par contre je ne connais pas un gay qui ne soit pas en de bons termes avec sa mère, au contraire : très grande complicité !!! Alors, laisse ça sur le côté pour l'instant ; ce n'est pas ta préoccupation principale. Chaque chose en son temps.

8. Que c'est long...

Lundi 21 mai. (15ème jour).

Mélanie – « *Allez !... On va dire que c'est normal. Peut-être qu'elle n'a pas deviné mais je me méfie, ses déductions parfois me sidèrent.* »

Alors, on va partir du fait que ta mère puisse avoir deviné, puisque nous ici, sur le forum, on n'est pas devin, hein. Ben dans ce cas-là, elle sera au moins préparée à l'idée, qu'elle le rejette ou pas, que tu sois amoureux d'un autre homme.

*****

Marion – Il est vrai que de nos jours certaines personnes regardent encore les homosexuels comme des personnes étranges, hors normes. Et les parents ont encore un autre positionnement face à ça. Certains, oui, agissent mal, ne comprennent pas, rient comme la dame dont tu parles. Je ne sais s'il faut les blâmer ou non, mais ce qui est sûr c'est que pour la personne homosexuelle ça doit être une meurtrissure. Il n'est déjà pas simple d'accepter ce fait pour certains qui le cachent à tout prix, mais quand ils ont enfin le courage de l'assumer, se voir rire aux éclats ou rejeter est à mon sens anormal. On peut ne pas approuver. Son enfant, c'est son enfant, point.

L'homosexualité n'est pas une maladie mais un état de fait donc pourquoi autant juger cette sexualité ? Comme dans la logique l'homme est fait pour se reproduire avec une femme, que cet acte se fasse entre deux personnes du même sexe paraît anormal pour grand nombre de personnes et même de nos jours où pourtant la cause homosexuelle est représentée.

Certains parents s'inquiètent pour le devenir de leurs enfants et je pense surtout face aux épreuves qu'ils auront à affronter en tant qu'homosexuel. Certaines personnes sont sectaires et leur en font voir des vertes et des pas mûres, remarques par-ci, attitude par-là, enfin bref, leur font ressentir leur différence d'appartenance sexuelle. Les parents, ce qui est logique à la base, veulent l'épanouissement de leurs enfants, et je pense que ça les angoissent.

Pour ton ami, il faut que tu puisses lui parler, son attitude ne doit pas rester ainsi. Tu dois savoir ce qu'il pense de tout ça. Ça me paraît indispensable, Florian.

*****

<u>Florian</u> – Que c'est long ces week-ends prolongés sans Wifi et en famille en plus !... Je les aime bien, je suis content de les revoir mais les repas à rallonge j'avoue que je sature un peu. Avec toujours les mêmes sujets de conversation : la crise, la politique, Hollande, le G8, les immigrés et l'inévitable mariage gay... J'ai passé mon temps à réviser, à lire et à penser à lui surtout. Ainsi, à défaut d'autres choses, j'ai beaucoup réfléchi pendant ces quatre jours. Enfin... J'ai tenté de le faire car il me bouffe tellement la tête que j'ai du mal à utiliser la partie restante de mon cerveau pour faire autre chose.

Les sentiments amoureux, quand on aime comme je l'aime, sont incontrôlables et ne se commandent pas. Qui peut prétendre choisir de qui il va tomber amoureux ? La question suivante est : faut-il lui dire ou pas ? M'acceptera-t-il ou pas ? Dans les deux cas, mon copain occupera toujours la meilleure place dans mon cœur car je n'ai jamais aimé comme ça avant. Je ne pourrai pas l'oublier et j'ai l'impression qu'après lui, je ne pourrai jamais revivre une véritable histoire d'amour avec quelqu'un d'autre.

Je sais bien que peut-être ça ne marchera pas, mais qu'aurai-je pu faire d'autre ? J'aurais pu étouffer mes sentiments au fond de mon cœur. Absurde ! Je n'aurais pu. De toute façon, est-ce que cela m'aurait aidé à vivre une véritable histoire d'amour avec quelqu'un d'autre plus tard ? J'en doute. Je crois qu'il gardera toujours ma préférence et que les suivants, s'il y en a, ne pourront jamais la lui prendre. Evidemment, je me dis ça aujourd'hui en étant conscient que je ne suis pas dans un état normal, mais bon…

Pas facile d'écrire en famille, il y a toujours quelqu'un pour venir voir ce que je fais. Ça saoule ! Et si je m'isolais dans une chambre au nom d'hypothétiques révisions… je crois qu'ils seraient encore plus intrigués à commencer par…, devinez qui ?...

J'ai retrouvé mon copain, quelques regards échangés. Si je lui ai manqué, il cache bien sa joie de me revoir. Mais bon… je ne devais pas être plus expressif.

*****

Florian – « *Maintenant j'ai 22 ans et je me cherche encore.* »

Bien sûr Raji que ce n'est pas facile, il n'y a que les mecs installés depuis longtemps ou qui ont eu la chance d'avoir le tapis rouge qui considèrent que tout est réglé. Je comprends ce que tu veux dire, moi je crois que je ne vais pas me chercher plus longtemps, je suis comme ça et puis c'est tout, et je le sais depuis très jeune. Je suis tombé amoureux de presque tous les mecs que j'ai croisés, bon j'abuse, mais c'est pour te dire. Je ne me verrais vraiment pas avec une fille. J'ai de bonnes amies mais c'est tout. J'ai déjà été amoureux, mais je n'ai jamais souffert comme aujourd'hui, avant, ça passait mieux. Pourquoi ?

Si l'homosexualité te pèse et qu'il t'arrive d'avoir des sentiments pour une fille, tu ne devrais pas hésiter car je pense que la vie d'hétéro est certainement plus facile. Avant que ta future ne le découvre, ce serait peut-être mieux de lui dire, les bi ça existe, si elle tient à toi elle comprendra. Me voilà parti à parler comme un livre : c'est drôle, on sait toujours ce qu'il faut faire pour les autres, jamais pour soi ! Un ami de mon père dit souvent en parlant des hommes politiques : « Ils parlent comme des livres, mais il leur manque des pages ! ». En vous lisant, j'ai l'impression que ce sont des chapitres entiers qu'il me manque.

La patience c'est pas trop mon truc, j'ai l'impression de perdre du temps avec mon copain. Et les bisous perdus ne se rattraperont jamais. Là je suis en plein délire, avant d'en arriver aux bisous, il faudrait d'abord que j'aie le courage de lui dire bonjour.

*****

<u>Florian</u> – *« Du côté du père, c'est plus ou moins bien accepté. C'est au cas par cas. Et quand ça passe, il leur faut souvent du temps pour « digérer » la nouvelle. »*

J'ai lu quelques bouquins (soigneusement cachés) sur le sujet : « Un homo dans la cité » « Casse-toi ! » et « Homo-Ghetto. » Certains parents supportent l'homosexualité de leur enfant tant que ça reste dans le domaine du non-dit. Mais quand le jeune vient leur dire en face : « je suis homo » ils pètent les plombs alors qu'ils l'ont toujours su, mais faut pas le dire ! Je ne supporte pas cette hypocrisie. Mais c'est encore plus compliqué que ça car parmi ces papas soi-disant homophobes certains sont des homos contrariés. Encore plus impardonnable. Le mien... incapable dire ce qu'il est, c'est mon père c'est tout ce que je sais. Remarque, il ne doit pas en savoir plus sur moi. Un avantage : je ne suis jamais sorti avec une fille, au moins il n'y aura pas d'équivoque là-dessus ! Entre une mère trop collante et un père indifférent... Finalement je ne sais pas ce que je préfère des deux. Chaque chose en son temps, c'est vrai mais j'ai l'impression que tout est en train de s'emmêler.

*****

<u>Florian</u> – « *Alors, on va partir du fait que ta mère puisse avoir deviné, puisque nous ici, sur le forum, on n'est pas devin, hein.* »
Tu n'as pas de boule de cristal ? Zut alors ! J'abuse un peu avec ma mère, elle n'est pas si terrible on s'entend bien dans la mesure où je ne joue pas trop la provoc (j'me soigne, j'ai arrêté !) et puis je suis son seul petit chéri alors forcément... Ce qui m'inquiète c'est qu'elle tient parfois des propos homophobes (comme mon père, mais lui pour savoir ce qu'il pense... bonjour !) je me demande toujours si c'est de la provocation pour me faire parler. Dans ces cas-là, je fais le mec qui s'en fout, on verra plus tard, je n'ai pas encore l'âge de me marier ! :) Préparée à l'idée... C'est compliqué, je ne sais pas comment expliquer. Parfois, j'ai ce sentiment : que mon copain ne peut pas être indifférent à ce que je lui ai dit, mais voilà, je peux me planter complètement... Non, ce n'est pas possible.

*****

<u>Florian</u> – Je me suis mal expliqué, Marion. Cette maman qui avait ri était là avec son fils lors du reportage. Ce n'était pas un

rire moqueur ni du rejet au contraire, elle avait voulu dédramatiser la situation, c'était sa façon de lui dire : ce n'est pas grave, je le savais déjà. J'aimerais que ma mère réagisse comme ça mais il ne faut pas rêver moi je crains que ça se termine en hurlements ou lamentations. Quand je disais : « où vont-ils chercher des mamans comme ça ? », je pensais aux réactions des jeunes pour lesquels les choses se sont mal passées en voyant cette émission. D'un autre côté, si cela pouvait faire réfléchir toutes les mamans de la terre, mais bon...

Tu dis : « son enfant, c'est son enfant point. » C'est ce qui me rassure un peu, je pense que ma mère m'aime beaucoup et j'espère que ça fera la différence à ce moment-là, mais un amour excessif peut parfois accentuer les conflits.

L'homosexualité n'est pas une maladie... Il n'y a pas longtemps que ce n'est plus une maladie, alors avant que les mentalités changent... L'homme est fait pour se reproduire, OK, cette logique-là était valable quand on tuait les jeunes hommes à tour de bras à la guerre et que les maladies infantiles tuaient les autres mais quand on commence à taper les 7 milliards d'individus sur terre il faudrait peut-être arrêter avec ces raisonnements moyenâgeux ! Arrête de m'énerver !... Que les parents s'inquiètent pour le devenir de leurs enfants je comprends mieux, car encore aujourd'hui tout est fait pour nous pourrir la vie.

Merci pour les conseils, j'ai compris le message, je sais qu'il faut que nous nous parlions mais ça ne va pas être facile et par moment quand je vois sa tête ce n'est même pas la peine d'y songer. Il faut que je lui laisse du temps mais c'est dur.

*****

<u>Cindy</u> – Je viens de lire tous les messages manqués. Tu me fais rire avec ton humour un peu cynique parfois.

Bon, je passais juste comme ça ! À bientôt Florian, en espérant de bonnes nouvelles à venir ^^

9. C'est pas juste

Vendredi 25 mai. (19ème jour).

Mélanie – Bonjour Florian,

Après quelques jours de recul et de silence, ce qui m'inquiète un peu maintenant, comme tu l'as insinué je crois toi aussi, c'est qu'il a l'air de jouer avec toi, avec tes sentiments, alors plusieurs choses :

1. Soit il souhaite un compagnon soumis (oui, je sais, je suis un peu dure, là).
2. Soit il voudrait bien entamer une relation, mais te fait tourner en rond.
3. Soit il ne veut rien du tout, et là, son attitude est incompréhensible du fait que vous étiez très bons copains, car il te fait souffrir.

Donc, si tu ne parviens pas à le prendre assez rapidement entre quatre yeux, je pense que désormais, même si ça te fait très mal au cœur, il faudrait te fixer à toi un temps d'attente raisonnable. Sinon, tu vas rester dans cette situation très/trop longtemps. Mais aussi, une autre possibilité serait de toi aussi faire à ton tour le mort pour essayer de le faire réagir, ou pas.

*****

<u>Florian</u> – Bonjour Mélanie,

Merci pour tous ces conseils, je sais qu'il faut envisager le pire et me fixer une date serait raisonnable, mais je n'ai pas trop envie d'être raisonnable surtout après ce qui s'est passé aujourd'hui. Je ne pense pas qu'il ait envie de me faire souffrir (pas lui !). Je ne sais même pas s'il se rend compte du mal qu'il me fait en ce moment et il n'a pas l'air d'aller mieux que moi, je ne l'ai jamais vu aussi triste. Faire le mort ça voudrait dire l'ignorer, je n'y arriverai jamais. Je le cherche tout le temps, je m'inquiète toujours pour lui et j'ai l'impression qu'il fait pareil. Je sens constamment son regard sur moi, et la preuve...

Ce matin il m'est arrivé un truc dingue, enfin... pas si dingue que ça mais quand même... Assez pour me remonter le moral. Et je n'ai vraiment pas fait exprès. À peine arrivé au lycée, j'ai croisé une copine, les yeux tout rouges. J'ai eu le malheur de lui demander si ça allait. Elle qui ne se confie jamais, m'a raconté tous ses problèmes et en ce moment : elle est servie la pauvre, les miens à côté... de la rigolade. L'ennui c'est qu'elle m'a parlé pendant plus d'un quart d'heure et le deuxième petit problème c'est que dans un élan d'infinie bonté (eh si !), je lui ai posé un bras sur les épaules pour la réconforter.

Et là, devine quoi ? J'ai vu mon copain, l'air très inquiet, nous tourner autour comme s'il avait quelque chose à me dire mais qu'il n'osait pas. De mon côté je ne pouvais pas envoyer mon amie balader. Mais peut-être que je me trompe, qu'il n'était pas là pour ça. Les rapports humains me désespèrent : trop compliqués... j'y renonce. Mais quand même, il ne me quittait pas des yeux, je devrais peut-être plus souvent fréquenter les filles en les prenant dans mes bras. Dès que je peux, je retente ma chance !

En plus ce n'était pas désagréable, elle était un peu humide mais elle sentait très bon ! :) J'suis un peu plus d'humeur à plaisanter aujourd'hui. Je crois que je vais l'avoir à l'usure. En tout cas la jalousie... J'avais pensé à tout sauf à ça. J'suis bête, hein !

C'est trop cool ! C'est un signe, non ? Et si ça peut aider... ben allons-y !...

En cherchant des citations pour Marion, j'en ai trouvé une de Sacha Guitry : « Si vous voulez que votre femme écoute ce que vous dites, dites-le à une autre femme. ». J'ai l'impression que ça marche aussi avec les mecs ! Il est des jours où j'adore la vie, ça ne tient pas à grand-chose. Pourvu que ma mère ne s'en aperçoive pas. Vite, remettre mon masque du flic verbalisant !

Je sens que les choses bougent, peut-être que je me fais un gros cinéma... Deauville... La plage... Mes parents aiment beaucoup, on y va souvent. Qu'est-ce que j'aimerais aller déranger les mouettes en le tenant par la main ! Mais bon... je crois que les mouettes peuvent dormir tranquilles, ce ne sera pas pour tout de suite. En même temps, ce qui me dégoûte c'est que j'en arrive à culpabiliser de l'aimer. Pourquoi mon amour serait-il plus méprisable qu'un autre ? C'est pas juste !

*****

<u>Antoine</u> – L'amour n'est jamais méprisable. Bien au contraire!

*****

<u>Mélanie</u> – Bonsoir Florian,
Eh bien en voilà une évolution, ou alors ça y ressemble bien. Mais si tu rends jaloux ton amoureux avec des filles, fais gaffe qu'elles ne se fassent pas des idées en ce qui te concerne. Pour ton

escapade à Deauville, dans la vie, des fois, les choses vont plus vite qu'on ne le croit.

Je pense aussi qu'une certaine forme de lâcher-prise envers ton amoureux, comme tu es en train de le faire en quelque sorte depuis aujourd'hui, peut inverser la vapeur, et que ce soit alors lui qui se questionne à ton sujet, et que ça le fasse réagir, en tout cas, je te le souhaite.

Je suis d'accord avec Antoine : l'amour n'est jamais méprisable, à partir du moment où c'est sain.

*****

<u>Florian</u> – Qu'elle se fasse des idées !... Oh noooon ! Pitié, pas ça. Je ne l'avais même pas imaginé. C'est déjà assez embrouillé comme ça. Mais attention, je ne l'ai pas draguée, j'ai juste fait preuve d'un peu de compassion. Rassurez-moi, les filles, vous savez faire la différence quand même ! :)

Pour Deauville… j'aimerais que tu aies raison, qu'est-ce que j'aimerais ça. Quant au « lâcher-prise… », je n'aime pas beaucoup cette expression car je n'ai aucune prise sur lui et je n'ai surtout pas envie de le lâcher ! Je plaisante, je comprends ce que tu veux dire et c'est sûrement la meilleure solution pour le moment, mais à mon avis je ne vais pas tenir longtemps !

L'amour n'est jamais méprisable, pourtant, je te promets que pour certains, il l'est.
Merci et gros bisous Mélanie.

*****

<u>Antoine</u> – « *L'amour n'est jamais méprisable, pourtant, je te promets que pour certains, il l'est.* ».

Eh bien ça ne devrait pas. Je préfère voir deux hommes qui s'aiment, plutôt qu'un homme et une femme qui se foutent sur la gueule.

*****

<u>Mélanie</u> – Bonsoir Florian,
Avant d'aller à Deauville, n'oublie pas ton bac, quand même.

*****

<u>Florian</u> – Oui maman ! Maaaaiiis heeeeu !... On peut faire les deux quand même ! :) Evidemment, comme les filles ont toujours raison… On va commencer par le Bac. Mais tu sais, ce n'est pas la peine de me le rappeler, j'en ai déjà une (de maman) à la maison qui s'en charge tous les jours ! :P

10. Je n'oublierai jamais

<u>Mardi 29 mai</u>. (23ème jour).

<u>Florian</u> – Il a fait beau tout le week-end… pour rien. Je déteste ces jours fériés qui nous séparent. S'il était à mes côtés tout serait changé. Avec cette impression de temps perdu.
    Où est-il ? Que fait-il ? Pense-t-il aux mêmes choses que moi ? J'en ai marre de me poser toutes ces questions.

*****

<u>Florian</u> – Aujourd'hui, après un week-end à déprimer, j'ai enfin fait le premier pas… Il était seul, j'en ai profité pour aller vers lui. Quand il m'a vu arriver, j'ai eu l'impression qu'il paniquait, qu'il aurait préféré être ailleurs. Il a baissé la tête comme pour me donner un coup de boule, mais bon… Je suis confiant, je sais bien qu'il ne me ferait jamais ça. J'étais à bout de souffle avec cet andouille de cœur qui s'est emballé comme si j'avais couru un mille mètres ! Et j'ai réussi à bafouiller la première bêtise qui m'est venu à l'esprit :

— Oublie ce que je t'ai dit c'était nul.

Pourquoi j'ai dit ça ? Je le pense évidemment, entre redevenir son ami ou ne plus se parler, je préfèrerais la première solution. Mais après plusieurs semaines de réflexion, j'aurais pu trouver mieux. Dès qu'il est là, j'ai l'impression que mon cerveau ne fonctionne plus normalement. Il m'a fixé un instant dans les yeux, il ne riait pas et moi je tremblais comme un malade, puis il m'a répondu :

— Je n'oublierai jamais.

Et nous sommes restés là comme deux ânes sans savoir quoi dire. Il regardait ailleurs comme si je n'étais plus là et je n'ai pas su quoi répondre. Evidemment, je n'arrivais déjà pas à comprendre le sens de cette phrase. Retour à la case départ. Qu'est-ce que ça veut dire : « Je n'oublierai jamais » ? Moi non plus je n'oublierai pas puisque je t'aime. Crétin ! Qu'est-ce qu'il a voulu dire ?

*****

Cindy – Ce que je comprends, de mon point de vue, c'est : « Je n'oublierai jamais ce que tu m'as dit », (par rapport au fait qu'il te plaisait), ce qui est normal d'ailleurs...

En tout cas, bravo !!! Bravo à toi d'y être allé. Tu as fait un grand pas. Waouh !!!
J'attends la suite ^^

*****

Mercredi 30 mai. (24ème jour).

Florian – Ben la suite... c'est-à-dire que... Navré de vous avouer que je suis un récidiviste !... Vous allez me tuer... Devinez ce que j'ai fait ? Je lui ai encore envoyé un SMS ce matin ! Hé si... Pour dire une banalité et... il m'a tout de suite répondu ! J'adore les SMS. C'est incroyable comme un petit message insignifiant peut changer la vie, enfin... pas vraiment la changer, juste me redonner le moral.

*****

Mélanie – À te lire, il n'a pas l'air très ouvert, ton copain. Mais effectivement, en lui disant : « Oublie ce que je t'ai dit c'était nul. », c'est ton inconscient qui a parlé à ta place. Dans le feu de l'action...

Si tu as eu le sentiment que ton cerveau ne fonctionnait plus normalement, c'est parce que tu es amoureux, et de plus tu dois être hypersensible aussi, donc tes réactions s'expliquent facilement.

Ce qui est dommage c'est que vous êtes de nouveau dans une situation encore bien bloquée, que ni lui, ni toi n'avez réussi à la débloquer. Mais le veut-il vraiment, lui, d'une manière ou d'une autre, c'est-à-dire en tant qu'amoureux ou en tant que copain ?

À mon avis, pour arriver au bout de tes soucis, et pour avoir le cœur net sur la situation, il faudrait que tu t'armes de nouveau de courage pour retourner lui parler comme tu l'as fait aujourd'hui, et tu as déjà l'entrée en matière en lui demandant, gentiment bien sûr, ce qu'il a voulu dire par : « Je n'oublierai jamais. ».

Ce qui m'ennuie malgré tout dans tout ça, est qu'il donne l'impression de jouer avec tes sentiments, peu importe lesquels, amour ou amitié, et ça aussi, ça serait bien que tu parviennes à le savoir, parce qu'une relation dans la soumission, c'est bof, bof, et à mon humble avis, ne dure jamais bien longtemps.

Qu'en penses-tu, Florian ? Et aussi d'autres messieurs homosexuels qui ont déjà répondu sur ce fil ? Parce qu'on va dire que je peux me faire une idée des choses, mais en tant que femme hétérosexuelle, je ne les ai pas expérimentées.

*****

<u>Florian</u> – Expérimentés ou pas j'apprécie énormément vos conseils à tous et vos analyses. Je ne vous connais pas et vous m'êtes d'un plus grand secours que ma propre famille, tout cela parce qu'à vous je peux tout dire ou presque. C'est absurde mais c'est ainsi. Vous ne me blâmez pas et vous cherchez à me comprendre sans me faire la morale, c'est cool et un peu nouveau peut-être aussi. Un grand merci à tous.

Pour toi Mélanie, je sens bien que tout doucement tu me prépares au pire et ça me touche beaucoup. Je sais que c'est une possibilité, et même si je préfère croire le contraire je m'y suis déjà préparé. Je serais triste évidemment et il y aurait forcément un temps de déprime mais t'inquiète, pas au point de commettre l'irréparable.

Tu dis « pas très ouvert mon copain » mais c'est depuis que le lui ai envoyé ce SMS de malheur, il n'était pas comme ça avant. Tu me trouves plein d'excuses et tu sembles moins tendre avec lui. Je ne crois pas qu'il joue avec mes sentiments, quand je repense à son air paniqué d'hier matin je me dis qu'il doit être aussi mal que moi. Les mots que nous avons échangés ont l'air nul mais j'y vois quelque chose de positif. Si une personne, peu importe le sexe, qui ne m'intéresse pas me faisait des avances, je m'empresserais de le lui dire de façon explicite. Or, il n'a pas fait ça. Même si sa réponse est assez énigmatique, le ton n'était pas agressif au contraire. Il a même répondu à mon nouveau SMS… ça va mieux.

*****

<u>Marion</u> – Je pense que ton ami a besoin de légèreté de ta part, et ce SMS insignifiant lui fait comprendre qu'il peut te voir sous un autre angle que sous la déclaration que tu lui as faite. Qu'il peut en fait te voir comme tu étais avant : un simple ami. Mais je me trompe peut-être...

J'ai lu que tu étais content de ne pas être jugé, ce ne serait pas approprié en effet, et ne t'apporterait aucune réponse te permettant d'y voir plus clair. Pour ce qui est de la mère de famille ayant souri, j'avais effectivement compris de travers, désolée. Oui, une maman se doit, même si elle n'approuve pas toujours les choix de ses enfants, de les soutenir, les épauler au besoin. C'est ça aussi le dur travail de parents, ne pas juger en fonction de ses convictions personnelles mais tenter de comprendre le pourquoi du comment et l'accepter comme tel. Mon enfant est jeune, certes, mais je me suis souvent questionnée à ce sujet justement, et me suis préparée à ce genre d'éventualité pour ne pas juger et risquer de le perdre. Ça me semble être une démarche normale mais bon, tout le monde n'a pas une ouverture d'esprit assez grande, ou alors reste sur des expériences ou autres qui ne leur permettent pas d'envisager autre chose que la normalité.

J'espère que ces SMS simplistes, vous amèneront à vous retrouver, que même si entre vous ne règne que le côté amical et rien de plus, que tu sauras y faire face sans trop souffrir, car ça sera une situation loin d'être simple émotionnellement parlant.

11. Avec mon masque de Caliméro

Jeudi 31 mai. (25ème jour).

Cindy – Hé, hé ! ^^ C'est une bonne chose, ça.
Je suis d'accord avec Marion quand elle dit qu'il avait sûrement besoin de plus de « légèreté ». Ça a dû le rassurer un petit message tout simple et pas trop effrayant après cette déclaration bouleversante.

*****

Florian – Nous sommes les rois des SMS ! J'en ai reçu un autre cet après-midi. Quand je vois son nom s'afficher j'ai le cœur qui disjoncte, je suis à chaque fois au bord de la crise cardiaque avec une dose de maladie de Parkinson en phase terminale, c'est-à-dire animé d'un tremblement d'au moins trente-douze sur l'échelle de Richter ! Pas facile pour répondre à un SMS avec tout ça !

« Je voudrais te parler après les cours. ».
« Ok, avec plaisir. ».

Que se passait-il ? Qu'allait-il me dire ? Qu'il m'aime, qu'il m'a toujours aimé mais qu'il avait besoin de temps… Dans la foulée nous irons direct en Espagne nous marier ! Zut, c'est vrai qu'on est encore mineurs. Tant pis on invitera les familles, ils nous signeront une procuration !... Ou nous attendrons qu'Hollande régularise tout ça. Pour l'adoption... un enfant coréen ce serait bien. Ce sont lesquels les moins agressifs ? Ceux du nord ou ceux du sud ? Bon en fait... ça ne s'est pas vraiment passé comme ça. :(

Nous nous sommes retrouvés après les cours, il m'a même attendu ! Waouh ! Nous avons marché un moment sur le chemin du retour complètement kéblo tous les deux. Pas un pour relever l'autre ! Après tout, c'est lui qui voulait me parler. De toute façon, je ne savais même pas quoi dire, pourtant ce n'est pas faute d'avoir répété. Enfin il s'est décidé d'une toute petite voix, j'avais du mal à entendre ce qu'il disait :

— On se parle plus... C'est nul...
— Ouais. (Waouh ! Quelle magnifique réponse ! Je me demande encore où je suis allé la chercher celle-là !)
— J'aimais bien avant...

Et là je ne sais par quel miracle, cette petite phrase a suffi pour me débloquer :

— C'est ce que je voulais te dire l'autre jour quand je te demandais d'oublier... Moi aussi j'aimais bien... ça me manque.

Et voilà, c'est tout. On s'est serré la main, j'ai eu droit à un magnifique sourire et nous sommes rentrés chez nous. C'est bien quand même pour un début... Arrêtez de rigoler, ce n'est pas drôle ! :)
Alors je suis revenu à mon dialogue préféré et je lui ai direct envoyé un autre SMS... C'est tellement plus facile de lui parler quand il n'est pas là ! (Il doit me manquer une case !).

« Merci, je suis trop content qu'on se reparle. ».

« Moi aussi. ».

Pfffff ! Je ne vais pas dormir de la nuit. On ne devrait pas être amoureux l'année du Bac, ça devrait être interdit ! Mais voilà... Cupidon s'en fout du Bac.

Le plus dur ce soir ça va être de remettre mon masque de Caliméro désespéré devant ma mère. De toute façon ça ne sert à rien, dès la deuxième seconde elle aura tout compris ! Je suis presque certain qu'elle va innocemment me demander des nouvelles de mon pote ! Vite ! Trouver toute de suite une réponse plausible... Règle d'or : toujours dire aux parents ce qu'ils ont envie d'entendre. Ben quoi ? Et ne pensez pas que ce soit si facile, encore faut-il deviner ce qu'ils ont envie d'entendre... La réponse bateau et passe partout c'est : « Ne t'inquiète pas, tout va bien. » Ça, en général, ça leur fait super plaisir !... Si... je vous promets. Mais là... faudra trouver autre chose. Je plane, je vole, j'ai envie d'embrasser tout le monde... Noooon, pas ma mère !

Embrasser sa mère à 17 ans... c'est le truc à pas faire, c'est qu'on a quelque chose à se faire pardonner. J'suis pas idiot non plus ! Juste amoureux !

*****

<u>Mélanie</u> – Géniiiiiaaaaaaaal, ça, que le contact et la discussion soient revenus entre ton copain et toi. Tu as mis plus de temps à lui manquer que lui à toi, voilà tout.

Sinon, je ne voulais pas spécialement le charger lui, mais dans votre situation, de plutôt rester dans un « P'être ben qu'oui, p'être ben que non », ça évite à mon humble avis de tomber de haut, à des fois trop se faire d'idées.

Ça sent le vécu ? Ouiiiiiiiiiiiiiiiiiiiiii, en effet, j'étais tombée amoureuse d'un de mes collègues de travail. C'était un peu ambigu pour ce qui le concernait, et j'ai mis... 4 ans, oui 4, à me faire une raison. Parce que finalement, il s'est avéré, sans pour autant me faire marcher, qu'il n'entrevoyait pas de nouer une relation avec moi.

Il est sûr aussi que je n'ai jamais mis les choses au clair avec lui en lui en parlant, je ne le regrette pas, mais ça m'aurait permis de ne pas attendre pour rien. L'avantage néanmoins que tu as, toi, par rapport à moi, est que tu as avoué tes sentiments à ton amoureux, donc reste à voir le déroulement des choses maintenant.

*****

<u>Florian</u> – 4 ans !... Oh, là, là !... Comment t'as fait ? Au bout d'un mois je n'en pouvais déjà plus, je crevais d'envie de lui dire. Dis-moi tout, ça m'intéresse (si ce n'est pas indiscret). Je ne sais pas pourquoi on dit ça alors qu'évidemment c'est indiscret... Tu n'as jamais eu l'occasion de lui faire comprendre ? Je croyais que les filles étaient championnes pour dire les choses sans les dire.

Depuis Noël, le moment où j'ai réalisé que s'il me manquait tant c'était parce que je l'aimais, j'ai plusieurs fois tenté de lui dire mais... ou je ne suis pas doué pour les messages codés ou c'est lui qui n'y comprenait rien ou qui ne voulait pas comprendre. J'espère que nous aurons un jour l'occasion de nous expliquer de tout ça. Toi finalement tu n'as jamais eu l'occasion de lui dire ? Moi je lui ai dit c'est vrai mais... je ne t'ai pas tout raconté.

Le jour où je lui ai envoyé ce fameux SMS c'était l'anniversaire de mariage de mes parents et j'avais bu un peu de champagne, un peu trop peut-être mais il faut dire qu'il m'en faut peu pour commencer à voir des étoiles ! En tout cas, c'est fou la force et le courage que ça donne ce truc-là ! Aujourd'hui, je suis content de lui avoir dit, mais pendant ce mois de mai j'ai eu mille fois l'occasion de le regretter. Tu dis : « Ça m'aurait aussi permis de ne pas attendre pour rien ». Bien sûr, le temps c'est important, mais le plus dur c'est la souffrance qu'on ressent. Depuis un mois, j'ai pleuré presque tous les soirs.

Mon père dit que nous les jeunes, nous voulons tout, tout de suite. Comme s'il était différent ! Mon copain c'est maintenant que j'en ai besoin, maintenant que je suis amoureux, pas dans dix ans.

Tu dis aussi que tu ne regrettes pas de n'avoir jamais mis les choses au clair, moi je crois qu'à ta place je regretterais, enfin... je ne sais pas. Peut-être qu'on ne peut regretter que les occasions manquées, mais sans occasion il n'y a pas de regrets à avoir évidemment.

Je me demande s'il y a quelque chose de plus compliqué que l'amour ? Il est une heure du matin et je n'ai pas sommeil, je vais encore être frais demain...

*****

<u>Antoine</u> – Super ! Vous vous reparlez.

Je suis content pour toi, pour vous, car tu lui manquais aussi. « Je n'oublierai jamais », en te regardant droit dans les yeux ne ressemble pas à un sentiment de peur ou de rejet. Mais je ne suis pas (hélas) spécialiste de psycho gestuelle...

Reprenez vos échanges (SMS ou conversations), tu verras comment la situation évolue. Il est au courant de tes sentiments, car même si tu lui as dit « Oublie ce que je t'ai dit c'était nul ». Sa réponse prouve qu'il a compris que la vérité était autre.

Bien à toi.

12. C'est lui qui en reparlera

<u>Vendredi 1er juin.</u>

<u>Cindy</u> – Yes ! Génial ! Très contente pour toi. J'ai l'impression de vivre la chose en même temps (bon évidemment, pas avec la même intensité). Mais tu la racontes avec tant de détails et d'émotion qu'au final on s'y croit !...
Et ta mère ? Elle a vu quelque chose quand tu es rentré ? ^^

*****

<u>Florian</u> – Pfffff !... Tu penses, elle voit tout. En même temps c'est peut-être facile de me deviner en ce moment, je veux dire deviner mon humeur. Je pense à lui tout le temps… tout le temps… Je suis toujours perdu dans mes pensées. Elle n'arrête pas de me demander : « À quoi tu penses ? » J'peux pas lui dire à quoi je pense, si je lui disais tout ce que j'ai dans la tête, elle ferait un infarctus. Ensuite, à peine ranimée, elle m'en parlerait pendant des heures… À me convaincre que je n'ai pas le droit de l'aimer. Mais je l'aime, je n'y suis pour rien. C'est pas juste, pourquoi les mecs sont-ils si beaux ? Ou pourquoi moi je le trouve beau ? Si ce n'est pas normal, si c'est un défaut de fabrique, c'est bien elle qui m'a fait comme ça, non ?

J'ai plein d'arguments pour ma défense mais je suis presque certain que le jour où nous en parlerons, j'en oublierai la moitié. Est-ce normal de devoir se défendre d'aimer ?

Hier soir je n'arrêtais pas de repenser aux évènements de ces derniers jours, dans ces cas-là est-ce que je souris ? Probablement, ma mère en a fait autant en me demandant encore si ça allait. Ben oui… Ça va nettement mieux, même ça je ne peux pas lui dire. Elle n'a pas insisté, elle a préféré me parler du Bac et des révisions, j'ai préféré aussi ! J'en ai profité pour lui annoncer que j'allais m'organiser avec mon copain pour les révisions… Elle a trouvé l'idée excellente. Moi aussi ! Je n'avais plus qu'à en parler à mon ami car il n'était pas encore au courant !...

Je suis peut-être meilleur en narration qu'en amour ! Snif !

1er juin, nous sommes restés trois semaines sans nous parler ! Avant ce fichu SMS, je n'aurais jamais cru cette chose possible, tant nous étions complices, et tant j'avais besoin de lui.

*****

<u>Florian</u> – Oui, bien sûr que ma mère a compris.

Ça va mieux, on se reparle presque comme avant, en évitant le sujet qui fâche. Pourtant, il va bien falloir y venir. Je lui ai parlé des révisions, il est d'accord pour les faire avec moi. Trop cool ! Et les sourires qu'il m'a faits aujourd'hui… Bouleversants. Un mois que je ne l'avais pas vu sourire comme ça. Encore merci pour vos encouragements, je suis trop content de pouvoir en parler à quelqu'un.

*****

Antoine – Tu sais quelle impression j'ai ? C'est lui qui en reparlera. Tu nous diras si je me plante…

*****

Florian – J'espère que tu as raison.

*****

Raji – Bonjour ! Me revoilà, Florian. Je suis content que vous vous êtes reparlés de nouveau. Et maintenant, qu'est-ce que tu veux, redevenir son ami, ne plus jamais parler du sujet fameux, ou bien voir à travers votre amitié retrouvée s'il veut quand même quelque chose avec toi et retenter de relancer la discussion ? (avec des risques de rechute évidemment, hein !).

Je ne veux pas te voler la vedette, Florian, mais j'aimerais partager ceci, vu que c'est le sujet donc c'est ici que je vais exposer. Je crois que je suis encore en train de tomber amoureux d'un autre copain. On s'est connu y a pas très longtemps mais le courant est très vite passé. Donc, j'arrête plus de penser à lui, j'interprète ses gestes et mouvements, ses moindres regards et ses moindres sourires, en m'imaginant que lui aussi peut-être serait attiré par moi. J'essaie quand-même de bien faire la différence entre l'amitié et l'amour (je ne comprends toujours pas comment je peux me défaire de ces pensées-là vu les choses que j'ai vécues auparavant). Donc en ce moment j'hésite si je devrais lui dire mes sentiments quand viendra le moment, où je ne pourrai plus me contenir, ou devrais-je me taire pour ne pas perde un ami ? Le truc qui me chiffonne c'est qu'il va poursuivre ses études à l'étranger dans quelques mois. Alors, vaudrait-il mieux que je me taise pour que je ne sois pas confronté à d'autres problèmes en plus de son départ ou bien devrais-je lui en toucher mot et s'il y a problèmes et galère (encore) par la suite, il ne me restera plus qu'à assumer ?

*****

<u>Mélanie</u> – Bonjour, le revenant,
Alors, je crois qu'il conviendrait de procéder comme l'a conseillé Dominique dans ce post, c'est-à-dire déjà passer par le tactile, par l'approche gestuelle, la séduction, quoi !

Quant au départ prévu de ton amoureux pour l'étranger, quand on n'est pas concerné(e), on aurait plutôt tendance à te dire de t'abstenir de toute relation.

Mais il y a aussi la possibilité, en connaissance de cause pour le départ, de vivre la relation à 100 % avant les quelques mois qui vous resteraient, parce qu'à la longue, et Raji, tu en es bien conscient et c'est très bien, une relation à distance tient rarement (j'allais même écrire jamais) le coup bien longtemps.

*****

<u>Antoine</u> – Bonjour Raji, dis-lui, fais-lui comprendre que tu es triste de savoir que vous allez être séparés dans quelques mois (et pour quelle raison). Il faut toujours dire aux gens qu'on les aime, que ce soit d'amour, ou d'amitié ; c'est important.

*****

<u>Florian</u> – Bonjour Raji,
Content de te revoir. Pas de souci, je ne suis pas la vedette de cette discussion. Si je le suis, c'est dans le mauvais sens du terme c'est-à-dire : s'il y a une bêtise à faire ou à dire je réponds souvent « présent ». Je n'ai pas assez d'expérience pour te répondre, j'espère que d'autres personnes, comme Mélanie, le feront. Mon histoire est loin d'être finie mais les petites conclusions que je peux déjà en tirer c'est que dans cette épreuve, j'ai eu beaucoup de chance. Je n'aurais pas dû lui dire par SMS que je l'aimais,

j'aurais dû continuer les sous-entendus jusqu'à ce qu'il comprenne, s'il ne l'avait pas déjà compris. Avec ce petit message j'ai failli tout casser. Nous sommes en train de tout recoller, enfin... je l'espère. Mais depuis un mois j'ai vécu l'enfer.

Bien sûr que j'aimerais vivre avec lui une véritable relation amoureuse, mais s'il en est incapable, je me contenterai de son amitié. Depuis que nous nous reparlons je me sens déjà mieux.

J'ai lu sur un autre forum le commentaire d'une personne qui disait : « Mais qu'est-ce que vous avez tous à tomber amoureux de vos amis ? » Comme si nous pouvions choisir ! Le seul domaine dans lequel nous sommes maîtres de nos choix c'est l'amitié, après nous ne maîtrisons plus rien. Peut-on s'étonner de tomber amoureux de quelqu'un que nous apprécions déjà comme ami ? Je ne crois pas, ça me paraît même une fatalité.

Tu dis : « j'interprète ses gestes et mouvements, ses moindres regards et ses moindres sourires, en m'imaginant que lui aussi peut-être serait attiré par moi ? ». Nous le faisons tous, mais il est hélas bien difficile de rester objectif quand on est amoureux. Peut-être devrais-tu faire ce que je n'ai pas assez fait : le tester gentiment à coup de sous-entendus... Se taire c'est bien beau mais après tu risques de le regretter, non ?

Oh non ! C'est moi, le Gaston Lagaffe des relations humaines, qui vais donner des conseils maintenant ! C'est n'importe quoi...

13. Merci de t'inquiéter pour moi

Dimanche 3 juin.

Cindy – « *Se taire c'est bien beau mais après tu risques de le regretter, non ? »*.
Je suis assez d'accord. Après, tout dépend de ce que tu ressens au fond de toi, Raji, de l'intensité de la chose.
À ta place, je pense que je jouerais le jeu de la séduction, mais impossible de garder ça pour moi sans rien faire.

Quant à toi, Florian, je viens en réponse à ton post.
Je pense que tu ne devrais pas tant te tracasser et te faire toute une scène quant à la façon dont ta mère va réagir.
Tu sais, si ça se trouve, elle a déjà des doutes à ton sujet.
Pourquoi ne pas essayer de la préparer progressivement en lui laissant de petits indices par-ci par-là ?... Ce sera plus facile ensuite quand tu décideras de lui en parler. Même si c'est dans un mois, un an, ou plus…

*****

Florian – Et pourquoi il ne me fait pas ça à moi « le jeu de la séduction » ? Quoi que… Les SMS que nous avons échangés ce week-end… ça y ressemblait un peu. En tout cas, il était de super bonne humeur… Voyons la suite.

Au sujet de mes parents, tu as peut-être raison, il est possible qu'ils aient des doutes, mais c'est dans ma nature de m'inquiéter pour tout. Certains jeunes se retrouvent à la rue après avoir fait leur coming out, je ne pense pas que mes parents feraient ça, mais je ne peux pas m'empêcher d'y penser.

Et puis marre de ce tiraillement, toujours obligé de se surveiller et en même temps cette envie de le crier sur les toits !... Ce serait tellement plus simple s'ils savaient. Mais s'ils m'interdisaient de le revoir, ce serait l'horreur. Quoique… ma mère avait l'air de bien l'aimer. J'sais pas, j'sais plus. Les indices… c'est peut-être la solution, jusqu'à présent je faisais le contraire : tout pour ne pas en laisser.

*****

<u>Mélanie</u> – Bonsoir Florian,

Suite à ta réponse ci-dessus, de toutes façons, et tout au long de notre vie on apprend surtout par les erreurs que l'on fait, et c'est surtout celles-là malheureusement qui nous permettent le plus d'avancer.

Bon, en vieillissant, on en fait un peu moins normalement (je ne sais pas si tu as vu sur mon profil, mais j'ai 54 ans), et je vous rejoins toutes et tous qu'il vaut mieux essayer de faire quelque chose, comme se pose aussi la question Raji, que de ne rien faire du tout. Le « souci » est : « Comment faire », mais déjà pas mal de pistes ont été données.
Je n'oublie pas de revenir sur mon histoire de 4 ans d'attente, mais c'est un peu long à expliquer, n'est-ce pas…

*****

<u>Florian</u> – « *Et c'est surtout celles-là malheureusement qui nous permettent le plus d'avancer.* ».

Alors finalement… Si j'ai tout compris : j'ai rudement bien fait pour le SMS. Cool ! Je ne suis pas spécialement pressé d'avancer, je suis plutôt du genre à flemmarder en savourant chaque instant mais vu le nombre de maladresses dont je suis capable en très peu de temps, je crains d'avancer vitesse lumière !... 54 ans ! Pfffff ! C'est que dalle par rapport à l'éternité…
J'espèèèère que tu n'oublieras rien ! Surtout vers la fin… de l'éternité ! :)

*****

<u>Raji</u> – Oui vous avez raison, je vais le tester, le séduire, c'est ce que j'ai déjà fait d'ailleurs, il ne m'a pas repoussé donc je vais continuer. Y a quelques temps on a assisté à une conférence, mais après un certain moment on n'était plus concentrés, et on s'est mis à parler. Dans cette situation, il faudrait parler doucement. Donc je lui parle, je lui pose des questions à voix basse juste assez pour qu'il m'entende. Et pour me répondre, il me parle à l'oreille alors qu'il aurait très bien pu me répondre mais à voix basse aussi, ça n'aurait dérangé personne. Mais non, il a préféré me parler à l'oreille, je sens ses lèvres à quelques centimètres de mon oreille. Ça m'a donné des frissons et une sensation très agréable. Et en plus, il l'a fait plusieurs fois, j'ai savouré l'instant. Mais c'était tellement répétitif que ça m'a mis mal à l'aise puisque les gens autour, que nous rencontrons assez souvent, nous ont remarqués et se posaient des questions. Alors ça, je ne sais pas si c'est un signe, mais je vais voir comment évoluent les choses. Les qu'en-dira-t-on, je m'en soucie encore.

*****

<u>Cindy</u> – Waouh Raji, toi aussi tu es love à ce que je vois !

Aaah cette sensation formidable qu'est l'amour n'empêche… C'est beau et le moindre petit mouvement peut nous faire perdre les pédales : j'adore !

Sinon, pour vous deux, je pense sincèrement que le mieux est de continuer la séduction de manière subtile, et d'attendre d'avoir un max d'éléments en votre possession avant de vous (re)lancer, car n'oublions pas que les « victimes » de l'amour ne sont pas les mieux placées pour analyser les situations de la façon la plus objective.

Je ne vous dis pas qu'il ne se passe rien dans votre cas, à l'un comme à l'autre, mais juste de rester vigilants.

*****

<u>Raji</u> – Salut Cindy ! Non, je ne suis pas encore si love que ça, mais bon, il me plaît assez quoi. J'aime les bons moments passés ensemble.

Un autre avantage que tu as sur moi, Florian, c'est que ton copain répond à tes SMS. Moi je lui envoie des SMS pour parler : « Mais au fait, ça veut dire quoi « Tu me manques » ? », mais il ne m'a jamais répondu. Je me dis qu'il n'a peut-être plus de forfait.

Et dis-moi Florian, est-ce qu'il t'est passé par la tête que ton ami pourrait passer par ces forums et lire tes posts et se reconnaître ?

*****

<u>Florian</u> – Le qu'en-dira-t-on nous tuera tout le temps. Qu'ils s'occupent de leurs fesses et qu'ils nous fichent la paix. Je comprends ce que tu veux dire, Raji, même si mon copain et moi

hésitions à nous toucher, nous avons tous vécu un jour des moments aussi délicieux. C'est tellement perturbant qu'il est difficile de rester objectif sans y voir une attention particulière. Après... il faut approfondir, et ce n'est jamais simple.

Le problème de la séduction subtile, c'est que si elle l'est de trop (subtile), elle risque de passer inaperçue. L'avantage que j'ai sur toi Raji, c'est que maintenant mon copain sait que je l'aime, il n'y a plus d'équivoque sur mes intentions. Aujourd'hui, il m'a refait des sourires à tomber par terre, j'suis vert. Enfin... en la circonstance j'allais plutôt du rouge au blême.

Courage Raji, ne lâche pas l'affaire.

Mon copain commence seulement à répondre à mes SMS, il est resté bloqué pendant un moment. C'est pourquoi je déprimais et que je suis venu sur ce forum. Je ne savais plus quoi faire.

Bien sûr que ça pourrait arriver mais bon... Je ne donne pas de détails précis, je n'ai jamais cité son nom, et le mien est un pseudo. Oui, ça pourrait arriver, en même temps je serais peut-être content qu'il lise tout ça, qu'il voit combien je souffre et combien je l'aime. Et s'il n'y vient pas j'espère qu'un jour, c'est moi qui lui ferai lire. Mais bon... pour l'instant c'est encore de la science-fiction. Le pire ce serait que ma mère le lise !... Là ce serait chaud. Je me rassure en me disant qu'elle ne doit pas trop traîner sur les forums. Et puis, si ça doit arriver, j'assumerai. Au moins nous aurions un bon sujet de conversation ! Non ?

Merci Raji de t'inquiéter pour moi. :)

14. Une volonté d'enfer et une force de trappeur

Mardi 5 juin.

Florian - Après avoir lu ton message Raji, je suis allé sur Google et j'ai tapé le début de ma présentation : « Je m'appelle Florian j'ai 17 ans ». Si tu as cinq minutes, fais-le. MDR.
Google a trouvé 35 000 réponses !... Si tu savais le nombre de Florian qui ont aussi 17 ans, bon d'accord... Sont pas tous homos. Je n'ai ouvert que les premières pages et pas de trace du forum.

Par contre en tapant : « Je suis amoureux de mon meilleur ami » cette discussion arrive en 4ème page et « je suis amoureux de mon meilleur copain » en troisième position dès la première page !... Ça, c'est moins drôle. Mais comme je te l'ai dit : ça m'est égal. Si ça doit se faire ça se fera, et puis c'est tout.

*****

Ludo – Hello Florian et Raji,
Je viens de voir sur Google, il est étonnant de voir ce que ce moteur de recherche est capable de dénicher.

À mon avis, vous ne devriez pas avoir honte de cette (soi-disant) différence que vous ne devriez pas cacher, chacun a le droit d'aimer qui il veut et à ce que je sache aimer n'est pas une tare.

Nous avons la chance, maintenant, de pouvoir afficher notre orientation sexuelle sans tabou, beaucoup de gens l'acceptent et n'y voient aucune déviance. Je suis un hétéro 100% et j'admire votre combat.

Il y a vingt à trente ans c'était bien plus difficile pour les homosexuels de l'exposer aux yeux de tous, mais tout a changé, vous vivez dans un monde où le droit d'aimer un homme ou une femme est un choix que chacun(e) peut faire sans avoir honte.
Et au diable les homophobes. Vivez vos passions à fond.

Bonne chance à vous.

*****

<u>Florian</u> – Bonjour Ludo, ce sont les autres qui nous mettent la honte. Bien sûr que les choses ont évolué, dans les grandes villes peut-être, mais ne crois pas que c'est partout pareil. Si ça l'était, mon ami devrait se sentir libre d'en discuter avec moi et je ne devrais pas avoir peur de le dire à mes parents.

Contrairement à ce que je dis en plaisantant, ce ne sont pas des monstres (ça c'est au cas où ma mère viendrait sur ce forum… Bonjour maman !), mais je suis presque certains qu'ils seront déçus. La norme c'est encore l'hétérosexualité et les jeunes très efféminés se font toujours insulter et maltraiter. Je lis partout que les jeunes homos ont 13 fois plus de « chance » de faire une tentative de suicide que les hétéros. Un livre vient de sortir : « L'homosexualité le tabou rural » : je ne l'ai pas lu, mais le titre est révélateur. De même qu'il y a les gauchers et les droitiers, il y a les homos et les hétéros, mais il ne faut pas oublier que pendant des décennies on a martyrisé ces pauvres gauchers en les forçant à écrire de la main qu'ils ne pouvaient pas. Comme tu le dis : c'est toujours un combat, si c'était admis, il n'y aurait plus de combat. Bon... je vais arrêter là, ça m'énerve de trop.

Tu as raison, les choses s'améliorent... doucement et au diable les homophobes mais ils sont toujours là. Merci Ludo pour tes encouragements, j'espère que la chance sera avec nous. (et la force aussi !...).

*****

<u>Raji</u> – Bonjour Ludo, merci d'être ouvert d'esprit. En ce qui me concerne, le fait de s'afficher en étant homosexuel est encore difficile. Au fait, je n'habite pas en France, donc chez vous je ne sais pas, mais dans mon pays ce n'est pas encore facile, donc je préfère me taire et faire semblant... Mais quand les gens le découvriront, je ne sais pas comment ils réagiront.

*****

<u>Cindy</u> – Cela fait aujourd'hui cinq ans que mon meilleur ami s'est suicidé : il s'est jeté d'une falaise à 150 mètres de hauteur. Il était gay et même si je n'ai jamais su précisément ce qui l'a poussé à faire ça, je pense que son homosexualité y était pour quelque chose.

Quant à Google, il suffit, pour ceux qui ont Facebook par exemple, de taper vos noms et prénoms et vous verrez qu'on vous retrouve facilement.

Faites la même chose dans recherche d'images et là... Que se passe-t-il ? Oooh, des photos de vous !

*****

Florian – Je suis désolé pour ton ami. Pour survivre dans ce monde de fous, il faut une volonté d'enfer et une force de trappeur. Il y a tellement d'abrutis pour nous pourrir la vie inutilement, juste pour le plaisir de faire du mal. Ça m'échappe, je n'arrive pas à comprendre.

Pour Google et Facebook je m'en fous, je suis comme je suis, je n'ai pas envie de changer. De toute façon je ne sais pas comment je pourrais faire, à part faire semblant…

*****

Marion – Cindy, je suis désolée pour ton ami. Il y a des anniversaires qui ravivent de pénibles souvenirs, et Florian a raison : la vie ne nous fait pas de cadeau.

Tout ce que nous postons sur le net reste… Photos, messages et autre. C'est pour cela qu'il faut réfléchir parfois avant de poster tout et n'importe quoi… Tant de personnes se sont vues harcelées et accusées de réputation sulfureuse ou autre via ce qu'elles avaient publié ou posté.

*****

Cindy – Merci pour lui. Rassurez-vous, après cinq ans, je le vis différemment même si certaines dates comme son anniv ou l'anniv de son décès sont toujours assez pénibles… Mais bon, on est faits pour encaisser ce genre de choses apparemment, alors encaissons-les comme on peut… Après tout, ma peine ne doit pas être grand-chose comparée à celle qu'il a endurée…

Oui c'est vrai, je te comprends Florian. Même si je ne vis pas ce que vous endurez à longueur de temps, toutes ces difficultés au quotidien. Je m'en aperçois car je fréquente pas mal de gays. Je sais qu'il vous faut un sacré courage.

Pour le net, ne t'inquiète pas, Marion. Même si je n'en ai pas l'air, je fais attention. Cindy est un pseudo utilisé uniquement sur ce site et mon avatar ne me représente pas personnellement, il n'est que l'image de mon état d'esprit.

Quant à ce que j'écris, zéro souci et même si on me reconnaît dans une anecdote ou dans une autre, je sais déjà que je suis prête à l'assumer.

*****

Raji – Vraiment désolé pour ton ami, il a dû beaucoup souffrir pour en arriver là.

Ne vous inquiétez pas, Raji est un pseudo. Je ne pense pas d'ailleurs que ce site soit connu dans mon pays. Si vous êtes en France, moi je suis à 8000 km de chez vous.

15. Le Bac Florian... Le Bac...

Mercredi 6 juin.

Florian – Alors attention... Ouvrez bien grand vos yeux...
Finalement, pour changer, la chance était avec moi aujourd'hui, mais pas la force... On ne peut pas tout avoir ! Mon copain est venu chez moi pour « réviser », c'est lui qui m'a proposé. Nous en avions déjà parlé et il était d'accord. Je n'arrivais pas à y croire. En plus nous étions seuls et j'étais hyper nerveux. En fait nous avons beaucoup discuté de tout et de rien, c'était bizarre, un peu tendus et incapables de parler d'amour. Pourquoi suis-je aussi coincé ? Peut-être est-ce la peur de le perdre une seconde fois. Qu'est-ce qu'il est beau ! Et au moment de partir, tenez-vous bien, il s'est approché de moi et m'a dit :

— Je peux t'embrasser si tu veux.

Hein ! Quoi ! Comment !... A-t-il vraiment dit ce que j'ai cru entendre ? Ou est-ce mon cerveau qui s'est planté dans le décodage ? Je ne comprends toujours pas comment il a pu me dire ça. Je suis resté là comme un idiot sans savoir quoi répondre avec heureusement un sourire de niais jusqu'aux oreilles. Et là les mecs, et les filles aussi..., comme dans les films : il m'a pris dans ses bras, et m'a carrément embrassé ! Yeees ! Sur la bouche, sobrement, sans la langue, ce sera pour la prochaine fois ! C'était la première fois que nous étions si proches l'un de l'autre, et là, devinez ce que j'ai fait ? Comme un âne j'ai éclaté en sanglots ! Plus nul tu meurs ! Toute cette pression accumulée qui s'est évacuée sans doute. J'ai continué de chialer comme un môme, la honte ! Je crois qu'il était très ému aussi.

— Ça t'a fait plaisir ?
— Je t'aime. Je t'aime trop, ça fait mal.

Hey ! J'm'améliore dans les répliques, non ? Nous sommes restés comme ça un bon moment puis il m'a dit :

— Moi aussi je t'aime. Enfin…, je crois.

J'étais déjà en larmes, je ne pouvais pas être plus pitoyable, je l'ai peut-être serré un peu trop fort à ce moment-là… Qu'il le croit ou pas, l'important maintenant c'est que nous allons pouvoir nous expliquer. Car j'avoue qu'en la circonstance nous ne nous sommes pas étendus sur le sujet. Encore un petit bisou et il est parti. Et j'ai continué de chialer. Pourquoi ? Je devrais être super content. Je le suis, mais en même temps…, toutes ces émotions… J'en pleure encore en l'écrivant.
Bien sûr, quand ma mère est rentrée elle n'a vu que ça : mes yeux rouges et mes cils tout collés !

— T'as pleuré ?
— Non… Je suis enrhumé… Je dois faire de l'allergie, j'ai le nez qui coule, les yeux qui pleurent…
— C'est nouveau. Tu fais de l'allergie, toi maintenant !

Ben ouais. Et pourquoi pas ? Y a pas d'âge… Elle m'a scruté avec son regard de Gestapo en plein interrogatoire, je suis certain qu'elle ne m'a pas cru. Je m'en fous, je suis amoureux !

Ce soir, j'ai envie de danser et de chanter, ça ne va pas être facile de remettre mon masque d'indifférent mélancolique tout en surveillant mes allergies !... Je crois que je ferais un piètre joueur de poker ! Y a des soirs, c'est trop beau la vie ! Les mouettes sur la plage n'ont qu'à bien se tenir !...

*****

Raji – Aaaah Florian ! Je suis content pour toi. Donc finalement t'avais raison, il t'aimait, il était même jaloux. J'imagine ce que tu as ressenti lorsqu'il t'a embrassé. Félicitations mon ami, mais n'oublie pas ton Bac, passe-le avec succès et le reste viendra. En tout cas tu sais déjà ce que tu (vous) vas (allez) faire pendant les (vos) vacances. Donc il reste plus que moi… Mais il va partir… Aïe !

*****

Florian – Oui, oui ! Le Bac… Je sais ! :(Je plaisante. Merci Raji. Tu remarqueras que j'ai commencé les révisions… :) Tu es à 8000 km d'ici ! Waouh !

*****

Mélanie – Et bien, en voilà, une chose, qu'elle est bonne. Et c'est qui qu'avait raison ? C'est Antoine ! Bravooooo Antoine, tu ne serais pas un peu devin sur les bords, par hasard ? Le Bac Florian… Le Bac ! :)

*****

Antoine – Je l'avais bien dit ! Content pour toi Florian. Ne t'inquiète pas pour les larmes : l'émotion, tu en rêvais tellement sans oser l'espérer vraiment. Soyez heureux, profitez l'un de l'autre, et… (eh oui), passez votre bac avec succès tous les deux.

Mon amie Mélanie, non je ne suis pas devin, ce n'est pas de l'intuition non plus. C'est seulement l'analyse synthétique d'une somme de petites informations que je récolte (merci l'hypersensibilité), qui fait apparaître la conviction. J'ai toujours lu avec attention les post de Florian qui nous a donné beaucoup de détails, finalement je n'ai pas de mérite : c'était facile !

Florian, bravo pour ton talent de narrateur ; perso je n'arrive pas à écrire, je vais trop à l'essentiel.

*****

Cindy – Waouh Florian, mais c'est géniaaaaaal !!! Que demander de mieux maintenant ? Eh bien, le bac ! Fais ce qu'il faut, même si je suis confiante sur tes capacités. Un bac L peut-être ?

*****

Florian – Comment t'as deviné ?

*****

Cindy – On les reconnaît, les littéraires… :)

*****

Mélanie – « *et…, passez votre bac avec succès tous les deux.* »
Y a pas/plus de soucis, ils vont réviser « en cœur » d'ailleurs, c'est vraiment une chance pour vous deux que vous ayez été, « avant », meilleurs copains, comme ça, beaucoup moins de problèmes quand on vous voit ensemble. Bonne chance pour votre réussite aux épreuves du bac

*****

<u>Florian</u> – Pour les révisions en cœur... On a déjà commencé, j'aime trop ça... les révisions... On aurait dû réviser plus tôt. :)

*****

<u>Antoine</u> – Un amour aussi fort personne n'a le droit de le salir. Personne n'a le droit de se moquer, de vous blâmer, de vous rejeter, de vous humilier, de vous insulter. PERSONNE.

Ceux qui le feront quand même, dis-toi bien qu'ils ne sont pas capables d'éprouver des sentiments aussi intenses. Tu n'auras qu'à jeter un coup d'œil à leur vie... Tu verras : moches, tristes, sans amour ou si peu, aigris, en couple par intérêt... Dans ces moments-là, un seul remède : prends de l'altitude. C'est parfois mieux vu d'en haut.

Ça me fait penser aussi à ceux qui « ADORENT » leur animal, mais sont incapables d'aimer leurs semblables, ou de les comprendre.

Bien à toi.

16. T'es grillé !

Jeudi 7 juin.

Florian – Un grand, grand merci à tous pour vos encouragements, je vous répondrai plus tard car nous sommes jeudi et je suis très, très, occupé avec mes révisons... Ah ouais tiens, bonne idée, je vais l'appeler comme ça : « Révision ». Et bravo à notre grand sérénissime mage visionnaire j'ai nommé : Antoine ! J'avais envie de te croire mais en même temps ça paraissait tellement peu probable. Finalement ce qui s'est passé était encore plus improbable, je n'aurais jamais pu imaginer un truc pareil. J'attends avec impatience les explications de mon copain, j'y ai pensé toute la nuit. J'suis naze, je n'ai pas dormi, incapable ni de lire ni d'écrire... Je m'en fous, je préfère ça. J'aurai tout l'été pour me reposer.
Enfin... Ça dépendra de « Révision »...

Ce matin j'avais une tête pas possible, ma mère m'a dit :

— Ben dis-donc... ça te fatigue drôlement tes allergies !... Je vais te donner des vitamines.

Elle m'agace !

— Si tu pouvais me donner les mêmes que celles de Nadal ce serait cool…

Finalement elle a raison, je vais en avoir besoin de vitamines !
Je vous embrasse tous très fort.

*****

<u>Marion</u> – Antoine, tout à fait d'accord avec tes propos. Personne n'a le droit de salir un amour intense de quelque sorte qu'il soit. Les gens se moquant ou autre sont souvent, qu'on se le dise, des personnes mal dans leurs baskets d'une façon ou d'une autre. Ça me fait penser aux personnes qui s'occupent constamment des problèmes des autres, sans voir ceux qu'ils ont chez eux.

*****

<u>Antoine</u> – « *Notre grand sérénissime mage visionnaire* ».

J'adore !!! C'est marrant : je suis né un 6 janvier, comme c'était il y a bien longtemps, à l'époque c'était le jour de l'Epiphanie (avant que cette fête devienne « flottante », pour raisons commerciales…). Alors mage… :)
J'ai expliqué comment j'arrive à mes conclusions ; ni magie, ni vision, juste de l'attention et de l'analyse. Désolé de casser le rêve ! Je suis trop cartésien, et l'auréole me va très mal !

*****

<u>Florian</u> – Ah ouais, toi aussi, l'auréole… Bon ça va, si tu le prends bien c'est cool. Je l'avais à peine écrit que je le regrettais déjà.

*****

<u>Antoine</u> – Oh ! Florian ! Pourquoi regretter tes écrits ?
Et comme Cindy, je savais que tu étais en section littéraire, à te lire c'est évident !

*****

<u>Vendredi 8 juin.</u>

<u>Florian</u> – Ma mère ce matin :

— Ça va mieux tes allergies ?
— Ouais.
— En fait, c'était passager.

Je me suis contenté de hausser les épaules.

— Et les révisions, ça avance ?
— Ça va.
— C'est toujours mieux à deux. (avec un petit sourire énervant).
— Ben ouais.

Discussion quelque peu tendue. J'ai eu la vague impression qu'elle se payait ma tête. Et je sais par (ma jeune) expérience que lorsque j'ai cette impression avec elle…, que ce n'est pas qu'une impression. C'est une pince-sans-rire ma mère !... Même pas drôle ! Je m'en fous, depuis peu, j'adore les révisions. Si j'avais su j'aurais commencé plus tôt !... Pas intérêt de le rater ce P… de Bac, sinon… on est grillés. Le pire ce serait que nous l'ayons l'un sans l'autre, là ce serait l'horreur.

J'ai passé l'après-midi d'hier avec mon copain. Je n'ai jamais été aussi heureux de toute ma vie. Alors je lui ai enfin demandé des explications :

— Pourquoi tu m'as fait la gueule si longtemps ?

Il a hésité un moment, il était gêné :

— J'ai cru que c'était un piège, juste pour rigoler.
— Quoi ? Un piège ? Mais t'es dingue ou quoi ? J'te ferai jamais un truc comme ça, surtout sur ce sujet-là !

Là, j'avoue m'être un peu énervé. On a perdu un mois à cause d'un malentendu ! Il a compris pourquoi je m'énervais, face au manque de confiance qu'il avait eu en moi... Alors je lui ai raconté l'enfer que j'avais vécu, pendant qu'il vivait le même. On a pleuré ensemble, il n'arrêtait pas de s'excuser.

Nous n'avons pas vu le temps passer, il était encore dans ma chambre quand ma mère est rentrée. Elle a frappé avant d'entrer ! Qu'est-ce qui lui prend ? Elle n'a jamais fait ça, malgré le panneau qui l'incite à le faire depuis longtemps... Je suis complètement largué, je ne sais plus où j'en suis avec elle...

Elle a tout de suite vu qu'on avait pleuré, exceptionnellement, elle ne m'a rien demandé.

Mon copain est rentré chez lui, elle lui a juste demandé « si c'était elle qui le faisait fuir » ?... Je l'ai raccompagné et dans l'entrée il m'a embrassé avant de sortir ! Il est fou, je n'ai pas envie qu'elle l'apprenne comme ça.

À peine rentré chez lui, il m'a téléphoné comme on faisait avant. Il ne peut plus se passer de moi !... On a continué de s'expliquer, je n'arrivais plus à parler tellement je chialais, et lui aussi... Des années que je n'avais pas pleuré comme ça ! C'est saoulant l'amour !

Il m'a alors expliqué que des SMS comme le mien, il en avait déjà reçus : de fausses déclarations d'amour juste pour se moquer ou le faire marcher ! Je lui en voulais un peu d'avoir douté de moi, je ne pouvais pas imaginer qu'il était écœuré en pensant que j'étais capable, comme les autres, de lui faire un coup pareil ! Quand on sait tout ça, on ne voit plus les choses de la même manière.

À table, j'étais perdu dans mes pensées. Malgré mes yeux rouges et mes reniflements, elle ne m'a rien demandé, on n'a même pas reparlé de mes allergies ! Cool ! :)

*****

<u>Cindy</u> – C'est top canon tout ça.
Et ne cherche pas, ta mère sait ! Ha, ha, ha, t'es grillé !!!

*****

<u>Florian</u> – Ah je vois, Cindy, tu veux remplacer Antoine dans les prédictions divinatoires... Mais attention tout le monde ne peut pas être grand mage visionnaire !
Si elle savait, elle ne tiendrait pas de propos homophobes. Pfffff ! C'est trop compliqué.

*****

<u>Mélanie</u> – À moins que ta mère ne prêche le faux pour savoir le vrai et là, c'est encore plus compliqué. Mais ne te prends pas trop la tête avec ça, parce qu'imagine que ta mère ait entendu le smack du bisou d'hier...

*****

<u>Cindy</u> – Hé, hé, comme Mélanie je pense qu'elle peut très bien prêcher le faux pour savoir le vrai…

*****

<u>Florian</u> – Si c'est vrai, si d'autres parents font ça et s'ils viennent un jour lire ce forum, j'ai un message : « Arrêtez tout. C'est nul comme technique. Ça rend malheureux. Ça bloque, et ça ne donne surtout pas envie de parler. »

Et puis d'abord…, ça n'a pas fait « smack. ».

*****

<u>Florian</u> – T'as raison Mélanie, je vais essayer de ne pas me prendre la tête, ça va être dur mais bon… Surtout qu'au moment où mon copain m'a subrepticement embrassé dans l'entrée, j'ai ressenti quelque chose de nouveau. Comment dire sans choquer personne… Ça doit s'appeler « le goût de l'interdit » ! C'est pas bien, mais c'est super bon ! :) Si, je vous promets !... Mais bon… je suis en train de découvrir l'eau chaude et je ne dois pas vous apprendre grand-chose. En tout cas, quand on ne savait pas qu'elle existait (l'eau chaude) c'est super géniaaal… :)

17. On se traîne la honte

<u>Samedi 9 juin</u>.

<u>Antoine</u> – Ben oui, ta mère a compris qu'il se passait quelque-chose... Mais elle ne sait pas encore vraiment quoi. Alors elle cherche...
Ne te prends pas la tête, et si elle surprend un de vos bisous, et bien elle aura la confirmation ! Cela lui fera peut-être un choc, mais ça c'est son problème. À gérer le moment venu.
Ça n'a pas fait « smack » ? Ce qui n'aurait pas été cool aurait été de ne pas faire de bisou.
Il est super ton copain : il assume et il assure.

*****

<u>Raji</u> – *« Dis-lui, fais-lui comprendre que tu es triste de savoir que vous allez être séparés dans quelques mois. ».*

Tout à fait d'accord. Même si je n'avais pas ces sentiments pour lui, je lui aurais fait comprendre que son départ me rendait triste, qu'il me manquerait. En plus on a pas mal de points communs, et des activités qu'on faisait toujours ensemble donc ces choses-là, je les lui rappellerai.

Je dois lui dire que je suis triste parce que je l'aime, etc. Mais ce qui m'inquiète, c'est que si jamais il n'apprécie pas, il pourrait très bien se fâcher parce que jusqu'ici, je n'ai aucun indice. Il révise pour ses examens. Ah ! Au fait, il va passer le Bac C, je l'ai pas dit plus haut, donc ça fait quelques jours qu'on ne s'est plus vus. On va devoir se quitter dans la confusion totale. Ou bien est-ce que je devrais me dire : « Oh, de toute façon il va partir donc je m'en fous, je lui dis quand même ? ». Cette idée me passe par la tête, mais je ne sais pas si je m'en foutrai vraiment.

En ce qui me concerne (peut-être à cause de mon expérience), je ne pense pas à lui à longueur de journée et tous les jours du matin au soir, mais seulement durant les jours qui suivent notre rencontre. Je mets quand même des réserves, j'essaie d'être réaliste. Je ne m'attends pas trop à quoi que ce soit. Je ne sais pas si vous arrivez à me comprendre.

*****

<u>Antoine</u> – Tu peux lui dire, mais peut-être pas si brutalement. C'est toi qui vois.

Lui dire que tu es triste parce qu'il va partir, qu'il est ton ami, que tu apprécies sa compagnie, et la complicité qui vous unit. Et puis après, c'est selon sa réaction.

L'amitié est une forme d'amour et on aime forcément ses amis. Ensuite, toi seul sait si les sentiments que tu as pour lui sont de nature amicale ou amoureuse. La frontière est parfois difficile à définir.

*****

Florian – C'est compliqué, Raji, nous raisonnons avec nos petites têtes d'Européens. Je me souviens que tu as dit : « Dans mon pays ce n'est pas encore facile, donc je préfère me taire. ». Je sais seulement que tu es à 8000 km d'ici.

Si dans ton pays, l'homosexualité est condamnable, ça change les données et la prudence est peut-être de rigueur. Mais tu peux lui dire (comme te le conseille Antoine), qu'il va te manquer pour toutes les raisons que tu viens de citer, il n'y a pas de mal à être triste de perdre un ami, et observe ses réactions.

J'avais tenté ce genre d'approche avec mon copain, mais lui c'est un mauvais exemple, ça n'avait pas trop bien marché. Cela paraît absurde aujourd'hui quand je vois qu'il m'aime autant que je l'aime. Mais je comprends ses raisons. Quand tu t'es déjà fait piéger plusieurs fois par de faux « Je t'aime », ça fausse les relations suivantes. Nous commençons seulement à nous expliquer, il me dit qu'il n'était pas sûr de lui, qu'il avait peur de s'engager...

Je ne le comprends pas toujours, je crois qu'il commence seulement à se faire une raison et à accepter qu'il n'est pas dans la norme que la société voudrait nous imposer. Soit prudent, habile et astucieux Raji, en un mot : soit tout ce que je n'ai pas su être. Toutefois, je pense qu'il ne faut pas que ça, il faut aussi de la chance. Mais la chance ne commence-t-elle pas avec la première rencontre ? Et vous c'est déjà fait.

*****

<u>Raji</u> – « *Discussion quelque peu tendue. J'ai eu la vague impression qu'elle se payait ma tête. Et je sais par (ma jeune) expérience que lorsque j'ai cette impression avec elle... ce n'est pas qu'une impression.* ».

Ce ne serait pas de la paranoïa ? Parce que comme tu l'as dit il est difficile d'être objectif dans ces cas-là.

*****

<u>Florian</u> – T'as raison Raji, je suis très parano mais nous le sommes tous un peu, non ? Ce qui m'énerve c'est que j'ai du mal à comprendre les autres et j'ai souvent l'impression qu'en retour ils ne me comprennent pas non plus !...

Mon copain et moi nous nous aimons, mais pendant un mois il m'a fait la gueule comme s'il était indifférent !... Ma mère sait peut-être que nous nous aimons mais elle tient parfois des propos homophobes.

Quoique... J'ai l'impression qu'elle s'est un peu calmée... Pourquoi ne vient-elle pas me parler ? Moi, j'y ai beaucoup réfléchi... Je sais que j'aurai un mal fou à lui dire.

*****

<u>Cindy</u> – « *Pourquoi ne vient-elle pas me parler ? Moi, j'y ai beaucoup réfléchi... Je sais que j'aurai avoir un mal fou à lui dire.* »
Mets-toi à sa place : c'est délicat quand même. Déjà c'est une maman, tu as 17 ans, donc les rapports peuvent être parfois un peu délicats.

Alors si en plus elle prend le risque de te demander clairement si t'es gay, ça craint pour elle. Comme elle n'a pas la réponse, elle peut avoir peur de te froisser si elle se trompe, ou de créer une ambiance tendue entre vous...

C'est à toi de le faire, pas à elle. Mais tu verras bien quand tu le sentiras. En attendant, laisse-lui des petits indices, par-ci par-là...

*****

<u>Florian</u> – M'ouais... Tu as peut-être raison. De toute façon, si mon copain continue d'être aussi imprudent... J'ai l'impression

que les indices vont pleuvoir !... C'est peut-être lui qui est dans le vrai, et je me sais assez fou pour le suivre dans cette voie. En même temps, j'ai envie de garder le contrôle, lui dire quand ce sera le meilleur moment. Et surtout quand j'en aurai le courage. Je n'ai pas envie qu'elle nous surprenne, je ne veux pas qu'elle l'apprenne comme ça.

Je crois que vous ne vous rendez pas compte de l'angoisse que c'est, de parler de ça avec ses parents. Et les propos homophobes, elle n'est pas obligée. Ça sonne comme une mise en garde, comme si elle me disait : « Ne me fais jamais ce coup-là ! ». Tu crois qu'on a envie de parler après ça ?

J'imagine parfois la joie que doit avoir n'importe quel gugus de mon âge, de dire à sa mère qu'il est amoureux d'une fille... À la limite ils n'ont même pas besoin de parler, leurs parents comprennent tout de suite. Pour nous, c'est trop la honte.

Il vaut mieux que je pense à autre chose, ça me ruine le moral.

18. La normalité n'existe pas

Lundi 11 juin.

Antoine – Il ne faut pas dire ça, Florian. Comme Ludo l'a déjà expliqué : tu ne dois pas avoir honte de ce que tu es. Nous sommes tous différents, la normalité n'existe pas en amour. Je pense que Cindy voulait simplement t'encourager à faire le premier pas vers ta mère. Laisse faire le temps, tu le feras quand tu seras prêt. Surtout garde le moral, même les plus gros orages ont une fin.

19. Eviter les sentiments d'aversion

Mercredi 13 juin.

Raji – Mais vous raisonnez bien quand même pour des petites têtes d'Européens ! :) Ce n'est pas condamnable, mais c'est dans la façon de le percevoir qui diffère un peu. Il faut toujours être prudent en effet, je ne veux pas revivre ce que j'ai déjà vécu. Ou alors, que les choses se passent différemment, qu'il y ait pas trop de prise de tête, éviter les sentiments d'aversion qui naissent après. Mais quoi qu'il arrive, quelles que soient les réactions qui pourraient suivre, tout cela n'a pas d'importance pour moi, si nous restons quand même amis.

20. Je sais toutes les difficultés

<u>Samedi 16 juin</u>.

<u>Cindy</u> – Oh Florian, je suis désolée. Je ne voulais pas te culpabiliser, juste t'aider à faire un pas vers ta mère. Je sais toutes les difficultés que les homos rencontrent. Tu as raison, tout ce qui peut être une banalité pour un hétéro, peut devenir un chemin de croix pour un homo. Ne me dis pas que tu as honte de toi, pas toi.

Donne-nous de tes nouvelles, Florian. S'il te plaît, dis-nous que tu vas bien.

21. C'est tout moi

Dimanche 17 juin.

Raji – *« Ensuite toi seul sait si les sentiments que tu as pour lui sont de nature amicale ou amoureuse. La frontière est parfois difficile à définir. ».*

C'est dur effectivement. En fin de compte, mes sentiments sont assez confus. Je sais plus si c'est une trop grande amitié en raison de points communs tellement inattendus et inhabituels entre lui et moi (je me demande même si l'homosexualité en est un) ou bien de l'amour. En tout cas je l'aime mais je ne sais pas si c'est déjà amoureusement ou fortement amical limite-limite.

« Ce qui m'énerve c'est que j'ai du mal à comprendre les autres et j'ai souvent l'impression qu'en retour ils ne me comprennent pas non plus. ».

Là c'est tout moi. Quand je suis avec un gars qui ne me plaît pas, j'ai un comportement normal, sans aucune arrière-pensée. Mais quand le mec est plutôt pas mal, je me pose des tas de questions, comme : est-ce qu'il est gay ? Et je commence même à le croire. Du coup j'interprète tous ses mouvements, tous ses gestes, ses regards, ses sourires… C'est stupide.

J'imagine que tu prépares tes examens et que tu es très occupé, mais si tu pouvais juste nous faire un petit coucou, ton silence nous inquiète.

À bientôt, Florian.

22. Tout va bien

Lundi 25 juin.

Florian – C'est tout toi ? Alors bienvenue au club des incompris, Raji.

Il est évidemment plus facile d'avoir un comportement normal face à quelqu'un qui laisse indifférent. Quand on commence à tomber sous le charme... Ce n'est plus pareil. Sinon je n'aurais pas mis si longtemps pour m'expliquer avec mon copain. Interpréter des gestes, des regards et des sourires... c'est mortel. En ce moment, des homos... j'en vois partout ou j'ai l'illusion d'en voir. Je veux dire des mecs qui ont des voix ou des gestes un peu efféminés (et de tous les âges). Sans doute qu'avant je faisais moins attention. Mais bon, je m'en fous, un seul m'intéresse et pour celui-là je ne m'étais pas trompé d'interprétation !

Ce n'est pas stupide, c'est peut-être que nous avons un peu trop d'imagination. Et ça... ce n'est pas encore interdit. Il faut juste savoir revenir sur Terre en sachant où est la limite entre le rêve et la réalité. Ce n'est pas toujours évident. Pendant ce mois de galère, je me suis souvent imaginé discutant avec mon copain, c'était presque une réalité, comme s'il était là. C'est dangereux, mais je pense que cela m'a aidé. C'aurait pu être dangereux si ça ne s'était jamais accompli. Aujourd'hui, il est bien là, j'ai réalisé ce rêve. J'ai presque plus de mal à le croire maintenant ! Va comprendre... Les relations humaines sont très déroutantes, mais passionnantes aussi.

Merci de vous être inquiétés pour moi. Tout va bien, Cindy, tu m'as juste bien mis les boules ce jour-là. J'étais tellement furieux et dégoûté aussi, que je m'étais promis de ne plus revenir sur ce forum. C'est bon, je suis calmé, mais je pense toujours ce que j'ai écrit.

Le Bac c'est fini, c'est du passé. Nous n'avons pas encore les résultats, mais nous sommes confiants, tout s'est bien passé.

*****

<u>Cindy</u> – Bonjour Florian, heureuse de savoir que tu vas bien. Pardonne-moi pour ma maladresse, je le suis souvent. Et tu es confiant pour le Bac. Cool. Tu remarqueras que je ne te demande même pas des nouvelles de ta mère ! :)

*****

<u>Florian</u> – « *Tu remarqueras que ne te demande même pas des nouvelles de ta mère ! »*.

Tu as remarqué que je ne t'en ai pas données non plus ! :)

23. Galère de galère…

<u>Lundi 16 juillet</u>.

<u>Florian</u> – Galère ! Galère de galère…

Je n'ai pas que des mauvaises nouvelles, bien au contraire. Peut-être allez-vous me trouver difficile, jugez plutôt. Première chose, le Bac c'est dans la poche. On nous prend la tête pendant toute l'année, en nous menaçant constamment d'échec… Finalement, ce n'est pas si terrible que ça. Mon copain et moi, on a trouvé ça super fastoche. Il faut dire qu'on avait beaucoup révisé ! :)

Mais ce n'est pas le plus important. Devinez où nous sommes allés samedi dernier ? À Deauville ! Mais en plus, j'ai convaincu mes parents d'inviter mon copain. Ce qui est étrange, c'est qu'ils ont accepté relativement facilement. Ma mère s'est contentée de dire :

— Ça m'aurait étonné !

Bon ben comme ça c'est cool… Y a pas de surprise. Alors, j'ai fait le mulet de base :

— Ben quoi ? On a eu notre Bac tous les deux, on mérite bien ça !...

Elle a souri, s'est contentée de pousser un long soupir et a accepté... Bizarre. Le problème c'est que je n'avais pas tout prévu. Nous n'étions partis que pour la journée, mais mon père était de si bonne humeur, qu'il nous a proposé d'y passer la nuit et de ne rentrer que le lendemain...
Mon copain et moi nous sommes bien gardés d'influencer leur choix. Finalement, une chambre pour les parents et une chambre pour nous !... Et nous avons dormi dans le même lit.

Je devrais être super content, je le suis, mais en même temps, je suis hyper mal à l'aise. Je regrette de ne pas leur avoir tout dit avant. (Pas de commentaire, Cindy !). Et ça... je suis presque certain que ma mère, un jour, me le reprochera.
Mais je n'y suis pour rien, ce n'était pas prévu, je n'ai pas vu le coup venir. Pourquoi faut-il toujours se cacher ou se justifier d'aimer ? J'en ai marre ! Nous étions tellement surpris et gênés, avec les parents dans la chambre à côté, de passer notre première nuit ensemble, qu'il ne s'est rien passé. Nous n'avons que chahuté et dormi dans les bras l'un de l'autre, mais je suis conscient que les parents auront toujours le doute.

Maintenant, je crois que j'ai intérêt de leur dire au plus vite. Ça va chauffer... D'un autre côté, si je leur dis tout de suite et s'ils acceptent l'inacceptable, peut-être pourrait-il venir avec nous en vacances, ce serait moins galère.

PS : Nous avons couru sur la plage, y avait même pas de mouette, et je n'ai pas osé le prendre par la main, sauf pour chahuter. Tout fout le camp ! Ce n'est plus comme dans les films. Et à la rentrée... le mariage. Magne-toi François, on t'attend !

*****

<u>Ludo</u> – Exact avec le mariage homosexuel je pense que beaucoup de choses vont changer dans le bon sens.

Mais pourquoi es-tu si sûr que tes parents vont t'en vouloir, je suppose qu'ils vont être très surpris voire même déçus, mais de là à t'en vouloir il y a un monde.

Il leur faudra sans doute un peu de temps pour l'admettre, puis la pilule passera.

*****

<u>Antoine</u> – Salut Florian, content d'avoir de tes nouvelles !
Tout d'abord félicitations pour le Bac.

Ensuite c'est plutôt bien une première nuit à dormir dans les bras l'un de l'autre...
Je comprends que vous n'ayez pas osé vous tenir par la main sur la plage. Tout le monde n'est pas prêt à voir tous les amoureux, peu importe leur sexe, se tenir par la main en public, et c'est bien dommage...
Les mentalités évoluent doucement. C'est en bravant les pseudos « interdits » que ça avance, et ceux qui le font ont un sacré courage face à la connerie humaine. Je ne dis pas que tu n'en as pas, mais que tu as raison d'être prudent.
Allez ! Un jour tu le feras : tu le tiendras par la main et tu l'embrasseras dans la rue ! Et ce sera normal puisque vous vous aimez.
Je rêve ? Non, je suis juste un grand sentimental et je crois en l'amour. Et puisque nous sommes désormais très proches, en France, du mariage entre deux personnes de même sexe, il va bien falloir que les cons s'y fassent...
Pour les parents, essaye de ne pas être mal à l'aise. Vous n'aviez rien prémédité, ce sont finalement eux qui vous ont donné

l'occasion de passer votre première nuit ensemble ! Ensuite ce que vous avez fait pendant cette nuit ne regarde que vous deux. Pas de détail à leur donner.

Tu vas voir, ce sont eux qui vont être « hyper mal à l'aise »... Malgré le contexte difficile, je te souhaite d'être heureux.

Bien à toi.

*****

<u>Christian</u> – Salut Florian,
Toutes mes félicitations pour ton bac.

Je ne suis pas de ta génération, mais je vois que les réflexions et interrogations sont les mêmes !

Vas-y, lance toi, ne fais pas les mêmes conneries que tes ainés (moi et d'autres), je pense que la société est prête aujourd'hui. Que c'est beau de jeunes hommes (ou femmes) qui s'aiment, nous sommes au XXIème siècle, paraît-il !

Je t'embrasse et courage.

*****

<u>Florian</u> – Bonjour Christian, merci pour tous ces beaux encouragements. Tu as raison « dans l'ensemble » la société a évolué, mais individuellement, face à la famille surtout, je te promets que c'est toujours très dur de s'assumer. Je crois que mon copain appréhende encore plus que moi. Nous n'avons pas le choix, alors, il faut y aller...

*****

<u>Florian</u> – « *Il leur faudra sans doute un peu de temps pour l'admettre mais la pilule passera.* ».

C'est compliqué, je ne sais même pas s'ils seront surpris, car je pense qu'ils se doutent de quelque chose. Mais j'ai déjà lu, que même quand les parents ont des doutes, ils gardent espoir tant que rien n'est déclaré. Certains explosent lorsqu'ils sont confrontés à la réalité, et qu'il n'y a plus de doute possible. Je crois aussi, que ma mère me reprochera de ne pas lui avoir dit plus tôt. Mais avant, je n'étais pas sûr et elle n'a rien fait pour m'aider. J'ai encore deux semaines devant moi pour prendre une décision. J'aimerais tellement qu'il vienne avec nous en vacances... Merci pour vos encouragements.

*****

Ludo – Si l'un de mes fils m'avait dit un jour qu'il était gay, sûr qu'au départ j'aurais été déçu et c'est absolument normal, mais il sera toujours mon fils celui que j'aime et que j'apprécie. Il suffit d'avoir un peu de temps pour s'habituer ensuite tout redevient normal.

J'ai un neveu qui est gay, ces parents sont très heureux, tout simplement parce qu'il l'est aussi. Pourtant au départ ce fut un choc pour eux, pas bien longtemps, rassure-toi, même pas un mois.

Ainsi, le jour où tu leur apprends la nouvelle ne leur montre pas ta peine, mais au contraire ta joie de vivre avec ton copain. Ça, c'est très important.

*****

Florian – « *Ainsi, le jour où tu leur apprends la nouvelle ne leur montre pas ta peine, mais au contraire ta joie de vivre avec ton copain.* ».

Merci, Ludo, bien compris le message. Il y a un mois j'aurais eu du mal à leur montrer ma joie, heureusement aujourd'hui, s'ils me laissent parler, j'ai des arguments pour leur expliquer le bonheur que je partage avec mon copain, et que c'est avant tout une merveilleuse histoire d'amour. L'avantage c'est qu'ils le connaissent bien et qu'ils l'apprécient, ça ne peut pas nuire.

*****

<u>Florian</u> – « *Malgré le contexte difficile, je te souhaite d'être heureux. Bien à toi.* ».

Un grand merci, Antoine, de me soutenir depuis le début. Si tu rêves, je rêve aussi. Je sais qu'un jour je l'embrasserai et lui tiendrai la main, nous en parlons souvent, mais je sais aussi qu'il ne faut pas le faire n'importe où. Heureux, je le serai complètement lorsque tout le monde saura et qu'ils nous auront acceptés tels que nous sommes. Je m'y prépare intensément. Je ne vous connais pas, mais lorsque vous disparaissez (comme Mélanie en ce moment), vous me manquez, c'est trop bizarre.

24. Nous sommes tous différents

<u>Mardi 17 juillet.</u>

<u>Sacha</u> – Salut Florian,
Je prends la conversation en route, même si j'ai déjà parcouru un peu ton histoire au fils des posts.
Franchement, je ne peux pas dire si tes parents se doutent de quelque chose ou non, mais si c'était le cas, je trouve qu'ils sont cool. En tout cas, ils n'essayent pas de réagir négativement vis-à-vis de vous deux et je trouve ça génial. J'espère que la suite se passera aussi bien.
Pour le reste, pas d'inquiétude, il faut laisser le temps au temps ! Vous aurez bien d'autres occasions.

*****

<u>Florian</u> – Je vais me répéter, mais je vous remercie tous pour votre accueil sur ce forum, c'est cool de prendre le temps de lire mes petites histoires. Tu as raison, Sacha, mes parents sont cool mais ça reste des parents… Avec le côté imprévisible des adultes. Ou que moi, j'ai un peu de mal à prévoir. Sinon, pour les occases… je ne suis pas inquiet !

*****

Christian – Salut Florian,
Il faut que tu fasses le premier pas… Ce sera dur mais après c'est la délivrance ! Tu dois dire la vérité à tes parents qui t'aiment, je sais c'est difficile mais ta stabilité est à ce prix.
Comme je l'ai déjà dit ne fais pas les mêmes conneries que moi, je m'en veux encore (parfois) de ne l'avoir annoncé à mon père qui n'est plus là aujourd'hui ! L'amour de ses parents et des proches c'est le plus important, pour moi du moins, n'hésite pas, même si ça te coûte, ce qui est normal nous sommes des hommes avec nos fardeaux.
Je t'embrasse.
Chris

*****

Florian – Je sais que tu as raison Chris, mais avoue que c'est les boules de se tourmenter à cause de ça, de devoir expliquer, presque s'excuser d'être comme ils nous ont fait. Ils n'y sont pour rien, mais moi non plus. Quand va-t-on se décider à refaire l'éducation des parents, comme des enfants d'ailleurs, car il faut y être pour seulement commencer à se poser des questions en solitaire, sans jamais personne pour nous aider. Marre de ce prosélytisme hétérosexuel. Bon… je vais arrêter là, avant de dire des horreurs. Je comprends que tu aies des regrets. Au stade où j'en suis, plus question de faire marche arrière.
Merci Chris, je t'embrasse aussi.

*****

Ludo – Florian, j'ai des garçons qui sont un peu plus âgés que toi, donc je suppose que tes parents ont à peu près mon âge et moi je comprends parfaitement que l'on soit homosexuel, il n'y a aucune honte à avoir, aucune excuse à donner, ni d'éducation d'enfant ou de parent à refaire pour qu'à ce jour tous le comprennent.

L'hétérosexualité est une normalité mais pas une exclusivité, donc arrête de te mettre des idées noires en tête, je suis sûr que tout va bien se passer, il te suffit d'être un tout petit peu patient lorsque tes parents vont l'apprendre, ne crois surtout pas qu'ils vont te montrer du doigt ou qu'ils vont te rejeter c'est faux, tu as peur de leurs réaction voilà tout, mais je suis sûr qu'ils comprendront comme je te l'ai dit plus haut.
N'aie aucune crainte et vis ta vie, c'est la tienne, elle t'appartient, et pour peu que tu sois heureux, c'est de loin le principal de mon point de vue. Pour tes parents aussi, j'en suis certain.
Courage, dans peu de temps tout va s'arranger tout seul sans aucun problème.
Je te fais une bise aussi, comme celle que tes parents te feront bientôt.
Y'a pas de Smack dans les smileys… Dommage !

*****

<u>Antoine</u> – Bonjour Florian,
Merci pour tes messages.
Je te soutiens parce que j'ai compris que ton histoire est une grande et belle histoire d'amour (et que je suis un grand sentimental !).
Parce que j'ai une fille de 18 ans et que j'ai envisagé l'éventualité qu'elle soit amoureuse d'une femme.
Apparemment pour l'instant ce n'est pas le cas ! Mais ça peut arriver… J'ai un ami qui, lorsqu'il a entamé une relation avec un homme, a eu énormément de difficultés à se faire comprendre, il fallait deviner entre les mots, désormais ils vivent ensemble et sont très heureux.

Je suis certain que tes parents ont eux aussi pensé que tu pouvais être amoureux de ton copain. Tu dis que ta mère te reprochera de ne pas lui avoir dit plus tôt ? Tu as la réponse, toi même tu dis qu'avant tu n'étais pas sûr.

« Je crois aussi, que ma mère me reprochera de ne pas lui avoir dit plus tôt. Mais avant, je n'étais pas sûr et elle n'a rien fait pour m'aider. »

Pour les choses difficiles à exprimer (pour les autres aussi d'ailleurs), je pense qu'il vaut mieux être bref et concret. Cela te libère de t'embarquer dans des explications souvent inutiles ou des excuses comme tu dis. À ce sujet je rejoins Ludo : tu n'as absolument pas à avoir honte et surtout pas à t'excuser d'être homo.
Donc pour faire court, et même si c'est percutant, tu te lances : « (son prénom), c'est plus qu'un copain, maintenant j'en suis sûr. ».
Tout est dit.
Et tu ne te débats pas dans d'interminables explications, au risque de t'embrouiller, de paniquer, et au final de mal réussir à faire passer le message. Et comme ce n'est déjà pas facile à dire, plus c'est court, plus c'est vite fait. Tu as la gorge sèche moins longtemps !
Et, (comment tu m'appelles déjà ? « Grand mage divinatoire » ?), si tes parents te proposaient d'eux-mêmes d'emmener ton copain en vacances…

*****

<u>Florian</u> – Je ne suis pas tout à fait d'accord avec toi Ludo. Si tu as cette ouverture d'esprit, tous ne l'ont pas. Il suffit de lire le livre de Jean-Marie Perrier « Casse-toi ! », pour le comprendre. Certaines choses sont innées chez les animaux, pas chez l'homme

: il faut tout nous apprendre. Tu veux quelques exemples ? Je vais t'en donner.

Faut-il avoir un coefficient intellectuel supérieur pour comprendre, qu'il ne faut pas battre sa femme ou ses enfants ? Pourtant tous les ans en France, plus d'une centaine de femmes meurent sous les coups de leur conjoint, et des enfants aussi parfois. Une femme, tous les trois jours ! Deux sont mortes cette semaine, et deux autres vont mourir la semaine prochaine ! Pourquoi ? Parce qu'on n'a pas éduqué leurs bourreaux/assassins de maris !

Faut-il prévenir les jeunes filles de ne pas fumer ni boire d'alcool pendant leur futures grossesses ? Ça tombe sous le sens non ? Pourtant des générations entières ont commis ces erreurs, et certaines femmes continuent encore.
Pourquoi ? Parce qu'on ne les a pas éduquées, ou qu'elles ont raté un cours !
Et tant qu'on ne le fera pas à propos de l'homosexualité, des « parents » (là je crois qu'il faudrait trouver un autre nom) continueront de jeter leurs enfants à la rue, parce qu'ils ne supportent pas leur différence. Ludo, arrête de m'énerver ! :)

Tu dis que l'Hétérosexualité est la normalité, accepter ça, ce serait reconnaître que ceux qui ne le sont pas, sont des anormaux. La normalité n'existe pas, nous sommes tous différents. Il y a les hétéros, les homos mais aussi les bi, les transsexuels... etc. Rien n'est blanc, rien n'est noir, nous sommes tous différents, c'est ce qui devrait faire la variété et la richesse de l'espèce, mais les braves gens n'aiment toujours pas qu'on suive une autre route qu'eux !...

Cela dit, je comprends ce que tu veux dire, et je te remercie de me remonter le moral. Pour mes parents je ne suis pas trop inquiet (mais un peu quand même), ils ne sont pas idiots, enfin j'espère

! Ce que je crains c'est qu'après, ce ne soit pas tout à fait comme avant.

Merci Ludo, c'est cool, je t'embrasse aussi.

*****

Ludo – Je crois que tu as mal compris mes propos.

L'hétérosexualité est une normalité oui, mais j'ai bien ajouté que ce n'est pas une exclusivité et que par conséquent il y a des homo des bi etc. Et que tous sont égaux, avec les mêmes droits à la reconnaissance, la tolérance, la compréhension et le respect. Tout simplement parce qu'être homo n'est pas un choix. Dans cette phrase il ne faut pas dévier dans le fait que si il y a une normalité elle doit être exclusive et que par conséquent les autres sont anormaux, surtout pas, il y a de tout en ce bas monde et il faut accepter.

Je ne sais pas si j'arrive à bien me faire comprendre mais n'y vois dans cette phrase aucune déviance pouvant dire qu'il y a des anormaux, personne n'a le choix de son orientation.

Et sans le vouloir tu as nommé une normalité qui devrait être, en citant les hommes qui battent leur femme, la normalité veut que ça n'existe pas, mais le fait est là, il y en a, c'est terrible je sais, et je ne pense pas que ce soit l'éducation qui fasse changer cela, hélas, dans ce domaine, toutes les classes sociales sont touchées. Le problème pour cet exemple est qu'ils nuisent à autrui c'est là que l'acceptation n'est plus possible…

J'espère avoir été clair parce que je doute un peu, et si une personne comprend mal ou se trouve choquée pas ces écrits qu'il le dise pour que je puisse mieux m'exprimer parce qu'il n'y a aucune connotation péjorative dans mes propos… Enfin j'espère que tous le comprendront et particulièrement toi.

25. T'es devenu fou ?

<u>Dimanche 22 juillet.</u>

<u>Florian</u> – T'inquiète Ludo, j'avais compris. Et je suis certain que tu avais compris, que j'avais compris. C'est seulement que j'aime bien jouer sur les mots. Et que je suis allergique à certains comme « Normalité », une allergie épidermique qui se traduit par une agitation des doigts sur mon clavier, et me fait parfois écrire n'importe quoi… :) Tu me pardonnes j'espère.

*****

<u>Florian</u> – « *Et si tes parents te proposaient d'eux-mêmes d'emmener ton copain en vacances…* »

Alors là, Grand Mage, partir avec lui en vacances ce serait le top et en même temps inespéré. C'est la raison pour laquelle je suis décidé. Ça va aller, il faut juste que j'attende le bon moment et que je prenne mon courage à deux mains… Non… Ça ne va pas aller !... Mais on va faire comme si…
Tu as raison, je vais faire court, j'ai noté ta formule magique. Et si ça ne marche pas, j'te les envoie en leur expliquant que ce n'était pas prévu comme ça dans les astres.

Je déconne, mais j'ai un nœud dans le ventre, tu ne peux pas imaginer.

*****

<u>Florian</u> – Quelle journée les amis ! Il est 1 heure et je n'ai pas sommeil. J'étais seul cet après-midi, mes parents en balade, mon copain en « week-end de corvée réunion familiale ». Si vous voyez ce que je veux dire...

Entre deux apparitions sur le forum, j'ai passé mon temps à relire vos posts, à me morfondre et à tenter de réfléchir... Et comme je suis toujours adepte des mauvaises décisions, quoique... Au lieu de prendre mon courage à deux mains et d'affronter mes parents... Non, je ne leur ai pas envoyé de SMS, mais étant plus à l'aise avec une plume, je leur ai écrit une belle lettre dans laquelle j'ai tenté de tout leur expliquer.
Pour finir j'ai pris le risque de faire dans le mélo, en leur disant que j'allais certainement les décevoir, et que s'ils ne voulaient plus de moi, je partirai, sans savoir où aller... (à ne surtout pas faire en cas de doute sur une possible acceptation).
Ensuite, j'ai attendu leur interminable retour, et ça a marché ! Après l'avoir lu, ma mère est entrée dans ma chambre, sans frapper cette fois ! Elle était en larmes et elle m'est tombée dans les bras ! Alors, j'ai bêtement décidé d'en faire autant, c'était trop tentant !

En résumé, voilà ce qu'elle m'a dit :

— T'es devenu fou ou quoi ? Comment peux-tu imaginer qu'on te demanderait de partir à cause de ça ? Tu es comme on t'a fait et je t'aime comme tu es. Enfin tu te décides à nous en parler, depuis le temps que j'attendais !...

Vous aviez encore raison ! Vous commencez passablement à m'énerver tous... :)

Quant à mon père... égal à lui-même. S'il était ému, il le cachait bien :

— Tu n'as pas choisi la voie la plus simple. J'espère que ça ne t'empêchera pas d'être heureux.

Qu'est-ce qu'il s'imagine ? Que j'ai délibérément choisi d'être ce que je suis ! Comme d'habitude, il n'a rien compris. J'essaierai peut-être de lui expliquer... Un jour... Plus tard. Ce n'était qu'une petite lettre, (j'ai suivi le conseil d'Antoine, j'ai fait bref), mais qu'est-ce que ça soulage.

Un copain amoureux, des parents compréhensifs, un forum sympathique... Je ne sais pas si tous les jeunes de mon âge auront autant de chance.

En venant sur ce forum, je m'attendais au pire, je ne pensais pas trouver autant de sympathie et d'encouragement. Gros bisous et un grand merci à tous pour l'aide que vous m'avez apportée.

Pour les vacances, ils vont réfléchir... Au sourire que ma mère m'a fait, je ne suis pas inquiet. Prochaine étape : affronter les parents de mon copain... Nous en avons discuté toute la soirée au téléphone, je crois qu'il ne va pas dormir de la nuit lui non plus. On s'en fout, le Bac est passé.

Dur, dur, la vie ! Mais parfois c'est cool. :)

*****

Saga – Salut Florian, quelle bonne nouvelle ! J'admire ta volonté, ta détermination et ton courage, bref, tu déchires !

Je suis heureux du dénouement avec tes parents. Comme je l'avais pensé, ils sont cools ! Ne te pose pas de question vis-à-vis de la réaction de ton père, il ne dit pas (jamais) grand-chose, mais il n'en pense pas moins, c'est juste sa manière de communiquer (j'en connais quelque chose) ! Il t'aime, il l'exprime à sa manière (peut être maladroitement), mais sa réaction vaut celle de ta mère.

Je vous souhaite bonne route.

Quelle « saga » de l'été !

*****

<u>Cindy</u> – Génial Florian !

Je suis vraiment heureuse pour toi que tu aies réussi à te soulager de ce poids. Que du bonheur !

Concernant la réaction de ton père, Saga a déjà dit tout ce que je pensais, comme je le pensais également, donc rien à ajouter pour ma part... Ah si...! Plein de bonheur !

Et continue à donner des nouvelles de temps à autre. Un p'tit coucou à l'occasion, entre deux escapades à Deauville...

Y'a moyen, non ?

Gros bisous à toi.

*****

<u>Antoine</u> – Eh ben voilou !

Bravo ! C'est fait. Ton courage a porté ses fruits.

Pas d'inquiétude pour ton père. Il y a des hommes qui ont du mal à s'exprimer émotionnellement. Il t'a simplement dit que le chemin ne serait pas facile, mais ça tu t'en es déjà aperçu !...

Je suis très content pour toi, que tes interrogations et tes tourments ne soient plus que des souvenirs.

Etape suivante : les parents de ton copain; tu nous tiens au courant ?

Bien à toi.

26. Deux neurones : c'est la normalité !

<u>Dimanche 28 octobre.</u>

<u>Florian</u> – Vous savez tout, ou presque, de mes amours... Vous, qui êtes devenus mes amis, le temps d'un été, nous avions tout imaginé, sauf la vérité : ce qu'il avait cru être une fausse déclaration d'amour ! Des SMS comme le mien, il en avait déjà reçu plusieurs, il ne me l'avait jamais dit. Evidemment, puisque nous n'avions jamais parlé d'amour.

Excusez-moi de m'être énervé parfois sur vos commentaires, il est juste des mots qui me font bondir. Quand on me parle de « normalité », sous-entendu que je ne le suis pas. Quand on me culpabilise en me disant que tout est de ma faute. Que c'est à moi de faire le premier pas vers mes parents. Mais qu'on me reproche de l'avoir maladroitement fait avec mon copain...

Je vous promets que s'il existait un vaccin pour me guérir de ces amours-là, dès demain, j'en prendrais double dose. Mais voilà, ça n'existe pas.

En fait, j'écris n'importe quoi. C'est un vaccin contre la connerie qu'il faudrait administrer à ceux qui nous méprisent, qui se croient supérieurs à nous, parce que les hasards de la génétique les ont faits de façon différente.

Ils ne s'extasieront jamais devant la beauté des yeux verts de mon ami, devant ses cheveux châtain décolorés, presque blonds, et souvent en bataille, devant sa petite fossette quand il sourit ou son air boudeur quand il est contrarié.

Ils préfèrent des filles que je trouve très ordinaires. S'ils avaient plus de deux neurones pour réfléchir, ils devraient être contents, toutes ces filles je leur laisse.

S'ils étaient véritablement heureux avec elles, ils ne devraient pas avoir envie de nous pourrir la vie, et encore moins, au nom de je ne sais quel bizutage, de nous foutre à poil. C'est pourtant ce qu'ils font. Les adultes aujourd'hui, n'ont plus accès aux vestiaires des collégiens. Le problème, c'est que les futurs pédophiles de demain sont déjà là pour foutre à poil les copains qui leur plaisent. C'est ce qui est arrivé au fils de nos voisins. Il a douze ans, il se rappellera de cette année de cinquième, il s'en souviendra toute sa vie.

Je n'ai jamais eu envie de déshabiller un copain, même pas ceux dont j'étais amoureux. Eux, sous le couvert d'une prétendue hétérosexualité, ils en ont le droit. Si c'est ça leur fameuse « normalité » dont ils nous rabattent les oreilles, je leur laisse.

Mon ami et moi poursuivons nos études dans la même Fac et dans le même petit appartement. Il s'est passé tant de choses cet été... Je l'ai accompagné, pour affronter ses parents. Il prétend se sentir plus fort lorsque je suis à ses côtés. S'il savait la puissance que je ressens quand il est là... C'est très étrange ce besoin l'un de l'autre, et ce sentiment de n'être, séparément, que la moitié de soi.

Tout s'est bien passé, ses parents savaient déjà, sa mère en avait même déjà discuté avec la mienne ! Quand ils nous ont vus venir avec nos paniques et nos angoisses, ils ont compris que c'était le grand jour. J'ai toujours eu l'impression d'être le maître manipulateur avec mes parents, ce que j'oubliais c'est qu'ils l'avaient été avant moi. :)

Table des chapitres

1. Je m'appelle Florian 9
2. Ça mérite une baffe 13
3. Envie de fuir... 19
4. Tu n'en parles plus... 25
5. Vas-y, fonce !... 31
6. Je vais devenir, très, très fort !... 37
7. Ça dégoûte 43
8. Que c'est long…... 51
9. C'est pas juste 59
10. Je n'oublierai jamais 65
11. Avec mon masque de Caliméro.. 71
12. C'est lui qui en reparlera 77
13. Merci de t'inquiéter pour moi 83
14. Une volonté d'enfer et une force de trappeur 89
15. Le Bac Florian… Le Bac... 95
16. T'es grillé !... 101
17. On se traîne la honte 107
18. La normalité n'existe pas.. 113
19. Eviter les sentiments d'aversion 115
20. Je sais toutes les difficultés... 117
21. C'est tout moi... 119
22. Tout va bien 121
23. Galère de galère… 123
24. Nous sommes tous différents 129
25. T'es devenu fou ?... 135
26. Deux neurones : c'est la normalité !................................. 139

Alexis Hayden & José-René Mora

Cet autre qui grandissait en moi

Tome 1 - Ma vie d'avant

« Nous méritons toutes nos rencontres, disait Mauriac, elles sont accordées à notre destin et ont une signification qu'il nous appartient de déchiffrer... »

Bonnes ou mauvaises, que nous en comprenions ou non le sens et la portée, il est évident qu'elles nous préparent à vivre les suivantes.

Kévin méritait-il Jérémy, et inversement ? Se seraient-ils trouvés s'ils ne s'étaient pas cherchés ?

Toutes ces questions, les deux adolescents se les posent. Ces sursauts désespérés et inutiles, pour lutter contre eux-mêmes, contre l'impossible, contre la fatalité, seront-ils destructeurs et plus forts que leur amour ?

Une plongée au cœur d'une adolescence difficile et de ses problématiques intimes liées à l'homosexualité.

Avec sensibilité et poésie, peut-être un brin de nostalgie, et surtout une sincérité et une force de caractère à couper le souffle, Kévin, le narrateur, dit ses amours impossibles, les traumatismes de son enfance, son rapport à son père, ponctuant l'ensemble de ses réflexions d'adulte et de ses questionnements.
Un récit fort, intense, où la joie de vivre et d'aimer l'emporte sur les conventions.

Alexis Hayden & Erwan Angelofys

Cet autre qui grandissait en moi

Tome II – Si tu avais été...

Le divorce de ses parents va complètement perturber la vie de Bryan. En suivant sa mère dans son déménagement, il se croit blasé de tout. Pourtant la vie va lui prouver le contraire.

Des amours, il en a déjà eu, mais à 16 ans, pas facile d'admettre qu'il est une nouvelle fois amoureux d'un garçon !

« J'étais prêt à le nier avec une énergie farouche. Seulement voilà, faire taire ses sentiments n'est pas qu'une question de volonté. J'ai voulu me protéger de cet amour impossible en me persuadant qu'il n'existait pas. Moi, qui avais peur du rejet des autres, je me suis rejeté moi-même... »

Alors tout s'enchaîne de travers : son père qui l'ignore, sa mère qui ne comprend que ce qu'elle a envie de comprendre...
Lætitia... Kévin... Stéphanie... Qui faut-il aimer ?

« Si c'est ton choix... » Mais il n'a pas choisi !

Il va se brûler à la vie, comme ces étoiles filantes s'irradient dans l'atmosphère. Elles brillent d'une grande intensité avant de s'éteindre à jamais. Leur rareté fait aussi leur beauté, elles n'ont pas le choix, pour exister, elles doivent se consumer. Bryan va se brûler à la bêtise des autres, à leur hypocrisie et à leur intolérance aussi.

José-René Mora – Erwan Angelofys – Alexis Hayden

Cet autre qui grandissait en moi

Tome III – Improbables destins

Aragon disait : « Rien n'est jamais acquis ». Et si c'était vrai ? Si rien n'était jamais définitif ? Et si les jeux n'étaient pas toujours faits ? Si nous pouvions changer le passé et par conséquent l'avenir ? Si quelqu'un, quelque part, avait le pouvoir de nous donner une seconde chance ?

Cette occasion sera offerte à Bryan et Kévin. Toutefois, ils vont découvrir que cette seconde chance ne sera pas sans conditions. Pour l'un d'eux, il faudra faire un choix : revivre son premier amour ou parvenir à en atténuer la douleur…

S'aimeront-ils assez pour traverser ces épreuves ? Leur sera-t-il possible de sauver leur avenir en faisant la paix avec leur passé ?

Ce dernier tome de « Cet autre qui grandissait en moi » réunit les personnages des deux premiers volumes. Confrontés les uns aux autres, secrets et vérités seront révélés. Ces rencontres ne laisseront personne indemnes. Pourtant… Si là se trouvait la clé de leurs improbables destins ?

Alexis Hayden

Les chemins du cœur

Tome 1 – Jamais je ne pourrai

Maxime, 17 ans, mal dans sa peau, cherche désespérément à fuir, à oublier tous ses problèmes : une mère trop présente, une amie perdue, un petit frère malade...

Il n'a pas choisi ce séjour à la montagne, avec deux inconnus qui l'énervent, qu'il méprise et que rien a priori ne destinait à se rencontrer.

Pour que cette semaine change le cours de son existence, il lui faudra oublier ses préjugés. Alors, cette escapade lui permettra de faire le point sur sa vie et découvrir la richesse que peut lui apporter le contact avec ses deux complices de randonnée.

Pourquoi ses parents l'ont-ils inscrit à ce programme ?

La montagne est-elle une thérapie contre le désespoir et la neurasthénie ? Lui apportera-t-elle un espoir de « résurrection » ?

Une seule certitude : « Jamais... Jamais je ne pourrai... » se dit-il.

Pierre-Lionel Cayla & Alexis Hayden

Les chemins du cœur

Tome 2 – Parce que c'était lui

Rentrés de leur randonnée dans les Alpes de Haute-Provence en compagnie de Mathieu, Maxime et Romain ont retrouvé leur chez soi : l'un à Lyon, l'autre à Vienne. Il leur reste du temps de vacances et la gamberge les prend : ils se battaient froid, au départ, ils se manquent, désormais... Ce qu'ils ont vécu ensemble, cette équipée à la découverte de l'autre et de soi, loin de les aider à affronter le retour au quotidien, le rend presque plus ennuyeux qu'avant.

Après l'excitation de l'aventure et du plaisir de l'amitié découverte, pas facile de retrouver la vie ordinaire, ses petits et grands soucis... Ses questionnements... Ses peurs...

Et puis, il y a les parents... Ah ! Les parents... S'ils n'existaient pas, que la vie serait terne, tant ils se montrent maladroits, parfois, en croyant bien faire, avec leur possessivité maladive, leurs accès d'autorité. Mais il y a leur amour, aussi, tellement indispensable et rassurant, même s'il paraît souvent trop pesant...

Maxime et Romain parviendront-ils à gérer tout cela ?

Alexis Hayden

Hugosse

(Pièce en quatre actes)

Cyril, 24 ans, vit tranquille dans un pavillon de banlieue avec sa copine Chloé. En un week-end tout bascule. Il perd son amie, découvre que son voisin François est homo et fait la connaissance d'Hugosse, un ado extraterrestre en pleine fugue, dont la soucoupe (proto dernier modèle) s'est écrasée dans son jardin. Cet alien, aux pouvoirs et aux mœurs étranges, va lui pourrir et lui faciliter la vie pendant trois jours.

Une occasion de comparer les cultures, de les critiquer sans ménagement, mais avant tout d'en rire. Et si nos extraterrestres avaient aussi des problèmes avec leurs parents ? Si nous étions tous, de pères en fils, condamnés à commettre les mêmes erreurs ? Si rien n'était perdu ? Si nous pouvions encore espérer en la race humaine ?

Une belle leçon d'optimisme dans ce monde morose et difficile.

Alexis Hayden

Faut pas le dire !

Dire ou ne pas dire ?... Là est la question ! Banale à pleurer. Faut-il toujours dire ce que nous pensons, avouer nos sentiments comme on avouerait une faute, révéler ce qui se cache au fond de nous, parfois très au fond ? Au risque de détruire une amitié qui nous est précieuse, un amour qui l'est davantage encore ? Personne ne pourra prendre cette décision si intime à notre place. L'aveu tient du quitte ou double, ou de la roulette russe.

Dire ou ne pas dire ? L'interrogation est toujours aussi pertinente, et personne ne vous soufflera la réponse. Cela d'autant plus qu'il n'existe pas de réponses prédéfinies, car il y a sans doute autant de réponses qu'il y a de personnes, toutes différentes.

Si, dès l'origine, l'homme était fait pour aimer une femme, et vice-versa, il semblerait qu'avec le temps, un... genre de bug génétique ait chamboulé nos chromosomes, qu'il ait contrecarré les interdits, de sorte que les fonctionnements originels aient quelque peu changé. À qui la faute ? Certainement pas à ceux qui en sont « victimes ». Si vous fabriquiez un engin défectueux, lui reprocheriez-vous en permanence de mal fonctionner quand il n'y serait pour rien ?

Lorsqu'on est un garçon, est-ce une faute que de trouver un copain sexy, de sentir son cœur partir en surrégime en sa présence ? Si quelque part il y a faute, c'est peut-être de vouloir le cacher. D'abord, ce genre de dissimulation devient vite invivable et rend fou ; enfin, il arrive toujours qu'on trahisse ses sentiments par un mot, un geste qui réduit à néant la volonté de les tenir secrets.

Dans ce livre, Alexis Hayden nous révèle, sans fard, avec une certaine candeur peut-être, tout ce qu'on lui a toujours implicitement conseillé de ne jamais dire.

Alexis Hayden

La lumière de tes ombres

Depuis la quatrième, Alan est amoureux de Margot. Après trois années de drague, de rire et de dispute aussi, c'est fait : ils sont enfin un vrai couple, que tout le monde respecte.

Pourtant, entre les sentiments confus de leurs nouveaux amis, les prédictions d'Emma qui voit tout dans le marc de café, le collant Justin, l'attachant Alban, et quelques phénomènes pas très naturels... Cette année de ses seize ans, ne va pas être de tout repos pour Alan.

Heureusement qu'il s'améliore en coaching parental...

Leur humour et leurs amours, les aideront-ils tous, à faire face sans sombrer ? À passer de l'ombre à la lumière ?

— Pourquoi m'as-tu menti ?
— Si tu posais moins de questions aussi...

Alexis Hayden

Aimez-vous les uns les autres

Pour Ethan, il était évident qu'avoir seize ans était le plus bel âge de la vie. Il n'avait jamais été aussi heureux de toute son existence. Hélas, c'était compter sans ses parents.

Après un voyage de rêve à New York, après avoir échappé de peu à la mort, après bien des aventures, dont la découverte de nouveaux amis, le retour à Paris est moins exaltant... *A priori,* car la vie, peut se montrer pleine de surprises...

Des surprises qui peuvent avoir pour nom Hugo, nouvel arrivant dans son lycée, ou Lucie, sa petite sœur aux états d'âme extravagants.

Et puis, il y a les parents, qui ont si souvent le chic pour semer la pagaille dans la vie de leurs enfants avec les meilleures intentions du monde...

Alexis Hayden

Ludo – Footballeur

Simon n'est jamais tombé amoureux. Pour lui, le fameux « Coup de foudre » c'est pure invention hollywoodienne et littéraire, pour remplir les salles et vendre du papier en faisant rêver les filles. Ça le fait doucement rigoler. À seize ans, on croit tout savoir sur tout. Heureusement, la vie ne s'arrête pas à cet âge, elle commence au contraire. La sienne va lui réserver bien des surprises…

Sa grande passion, depuis toujours, c'est le foot. Mais pas n'importe lequel ! Avec ses copains, il a toujours été allergique aux circuits traditionnels : fédération, règlements, formalités… Mais ce ne sont pas les seules choses qui le rebutent. Il ne supporte pas l'agressivité de certains joueurs qui oublient qu'ils ne sont que des amateurs. Ces abrutis prêts à vous tuer pour gagner un match de troisième zone dans une province perdue.

Le football de Simon et de ses copains est différent, quasi clandestin. En Amérique du Nord on appelle ça « le foot de rue », eux préfèrent squatter n'importe quel terrain, d'où ils sont régulièrement chassés, par des gardiens de pelouse qui auraient fait carrière à l'époque du Troisième Reich ! Braver ces buses fait partie du jeu et ils aiment bien ça.

C'est là, sur une de ces pelouses, que sa vie va réellement commencer…

Alexis Hayden & Pierre-Lionel Cayla

Avis de recherche

Après son sauvetage en mer, quand David reprend conscience dans un hôpital de Floride, il doute de tout. Ces gens qu'il ne connait pas, mais qui savent tout de lui, le prennent forcément pour un autre... Est-il amnésique ? Victime de troubles de la personnalité ? Ou menait-il tout simplement une double vie ?

Pour l'instant, il a plutôt l'impression de devenir fou. Il se souvient pourtant d'une vie passée. Il sait très bien ce qu'il faisait sur cette plage de Clearwater. Mais comment est-il arrivé dans cette chambre d'hôpital ?

La nouvelle vie qui lui tend les bras est tentante. Va-t-il accepter ?

Avant d'en arriver là, remontons à l'origine, quelques années plus tôt...

Alexis Hayden & Pierre-Lionel Cayla

De passage...

Jérôme Devauchelle est un homme violent et homophobe. À ses yeux, Corentin, son fils de dix-sept ans, a tous les défauts : il est trop beau garçon, donc forcément gay, trop intelligent, quand lui est fruste. Il ne le supporte pas et le lui fait payer en le brutalisant.

Sa haine va trouver son apothéose lors d'un séjour aux sports d'hiver, au cours duquel il pousse son fils à prendre de plus en plus de risques sur des pistes de plus en plus difficiles, pour *« en faire un homme »*.

Corentin, victime d'une chute grave, qui aurait pu lui coûter la vie, s'en tire avec des fractures, le contraignant néanmoins à l'immobilité. Plus question d'aller au lycée, et c'est l'année du Bac... Pour obliger son fils à le passer malgré tout, Jérôme Devauchelle engage un professeur particulier...

Lorsque son père lui présente Tristan Baudin, Corentin va croire qu'il s'agit d'un lycéen comme lui, tant il est d'allure juvénile. Mais non, Tristan est professeur de français en attente d'affectation.

Corentin n'en croit pas ses yeux ! Comment son père, psychorigide si hostile aux beaux garçons, a-t-il pu lui choisir un prof aussi séduisant et aimable ? Tristan, lui, époustouflé, se demande comment ce père aux manières si grossières a-t-il pu être assez naïf pour lui confier un fils aussi charmant ?

Entre le professeur et son élève, deux jeunes gens en mal d'amitié, le courant va-t-il passer ?...

Printed in Great Britain
by Amazon